見てわかる・おぼえる・使える！

四字熟語（よじじゅくご）キャラクター図鑑

監　修：深谷圭助　中部大学現代教育学部教授
イラスト：いとうみつる

日本図書センター

はじめに

みなさんは、四字熟語が好きですか？　どんな四字熟語を知っていますか？　四字熟語は、みなさんのことばを豊かにしてくれますよ。

わたしたちが使っている日本語は、ひらがなとカタカナ、そして漢字で書き表していますね。ひらがなとカタカナは、音を表す文字なので、それだけで日本語を書き表すことができます。一方、中国から伝わってきた漢字は、ひらがなやカタカナとちがい、１文字ずつに意味があります。この意味をもつ漢字を使うことで、日本語は、ものごとを深く表現することができるのです。

漢字を組み合わせてつくられたことばを、「熟語」といいます。日本語のことばの半分は、この熟語だといわれています。そのうち、４つの漢字で書き表したもの、それが「四字熟語」です。多くの四字熟語には、正しい生き方や、すばらしいものの考え方、人のさまざまな感情

などがこめられています。つまり、四字熟語を知ることで、わたしたちの人生は、より豊かなものになっていくのです！

　こんなにすばらしい四字熟語ですが、きっとみなさんのなかには、「漢字が苦手なんだけど」、「意味がわからないから、楽しくない」なんて思っている人もいるのではないでしょうか。

　でも、だいじょうぶ！　この本には、いろいろな気もちや状況を表す四字熟語が、キャラクターになって登場します。かわいいキャラクターが、自分の意味や由来、どんなときに使われているかを、やさしく教えてくれるから、楽しく四字熟語を学ぶことができます。

　さあ、この本を読んで、魅力的なキャラクターといっしょに四字熟語ワールドを楽しんでください。きっと四字熟語が大好きになりますよ！

中部大学現代教育学部教授　**深谷圭助**

もくじ

第5章 人と人とがつながるとき…

第6章 もっと成長していくために

四字熟語、きわめる！

この本の見方

この本では、いろいろな四字熟語がキャラクターになって登場します。それぞれの四字熟語の意味や由来、使い方などを、キャラクターたちが紹介していきます。

四字熟語のおもな特色をひと言で表しているよ。

四字熟語の名前だよ。

四字熟語のイメージをイラストにしたキャラクターだよ。

「どんな意味？」では、四字熟語の意味や由来について説明しているよ。

「どんなふうに使われる？」では、じっさいの生活のなかでどう使われるのかを説明しているよ。

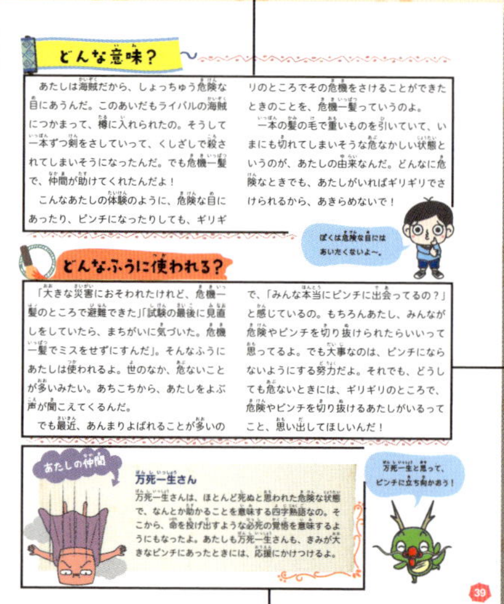

四字熟語のもつおもな特徴を簡単に紹介しているよ。

知りたい！四字熟語
一念発起とことわざ

「知りたい！四字熟語」では、その四字熟語についてくわしくみていくよ。

「○○の仲間」では、関係の深い四字熟語キャラクターを紹介しているよ。

「四字熟語トリビア」では、四字熟語に関係する、ためになる豆知識を紹介しているよ。

この本では、みんなの気もちに合った四字熟語を章ごとに紹介しているよ。

第1章　成長するためにチャレンジしよう！　なにかをはじめるときに開いてみよう。
第2章　ピンチになったとき…　トラブル、ピンチのときに役立つ四字熟語だよ。
第3章　もう一度、がんばってみよう！　ねばり強く挑戦するためのことばを知ろう。
第4章　うまくいったときこそ注意！　調子がいいときや成功したときに、ためになるよ。
第5章　人と人とがつながるとき…　相手から信頼されるために！　世のなかについて考えよう。
第6章　もっと成長していくために　学ぶことはたくさん！　ふだんから心がけたい四字熟語だよ。

四字熟語たんけん隊

国語がきらいな男の子。とくに漢字が苦手で、四字熟語もぜんぜん頭に入らない。

読書が好きでおしゃべりな女の子。お気に入りは、四字熟語を会話で使ってみること。

中国からきた、漢字を愛する竜の王さま。最近は、日本で使われる四字熟語にはまっている。

熟子「あれ四字夫、このあいだの国語の小テスト、こんな点数だったの？　ほとんど０点じゃない！」

四字夫「おいっ、勝手に見ないでくれよ！　ぼく、国語は得意じゃないから……」

熟子「国語だけじゃないでしょ！　ちゃんと“一念発起”して、しっかり勉強するのよ」

四字夫「イチネンホッキ？　なにそれ？　貝の仲間？」

カンジ大王「一念発起とは、強い決心を表す四字熟語だぞ！　２人にも四字熟語を好きになってほしいぞ。まずは『四字熟語のキホン』を学んでもらいたいな」

四字熟語のキホン

みなさんは、四字熟語をどれだけ知っていますか？　四字熟語はたくさんあるので、自分では気にもとめずに、使っていることもあるはずです。でも、あらためて「四字熟語ってなに？」と聞かれると、はっきり答えられる人は少ないかもしれません。ここでは、四字熟語のキホンについて、学んでいきましょう！

わたしが知らない四字熟語も、
いっぱいあるのね！

四字熟語ってどんなもの？

四字熟語は４つの漢字を組み合わせることで、独自の意味をもつようになったことばだよ。漢字１字だけでは表すことができなかったことが、四字熟語となってはじめて表現できるようになることも少なくないんだ。4つの漢字が組み合わされたことで、とても豊かな表現ができるようになるということさ。

四字熟語のなかには「切磋琢磨」(⇒16ページ)や「一所懸命」(⇒18ページ)のようにがんばっていることをいい表すものや、「絶体絶命」(⇒26ページ)や「四面楚歌」(⇒28ページ)のように状況のきびしさを表現するものもある。あるいは「初志貫徹」(⇒40ページ)のように自分を奮い立たせたり、「自業自得」(⇒54ページ)のように、自分を見つめ直して、反省するようにうながすものもある。

このように、四字熟語はさまざまな気もちや状態を、ズバリと表現できるんだ。

四字熟語はきっと、
きみの心を豊かにしてくれるぞ！

そもそも熟語って？

複数のことばを組み合わせ、１つのことばとして使われるものを熟語というよ。ふつうは、２つ以上の漢字が使われることばを指す。だから、三字熟語や五字熟語なんかもあるよ。

【例】　修行　有頂天

四字熟語の由来

漢字は中国で生まれたものだよね。だから四字熟語も中国の古典に由来するものがたくさんあるよ。古典とは、古い時代に書かれた書物などのことで、現代まで長いあいだ、たいせつにされてきたものだよ。

また四字熟語には、「以心伝心」（⇒64ページ）や「自業自得」といった、仏教に由来することばも多いよ。こうした四字熟語が心にひびくのは、人間の生き方を深く追求した、仏教の教えがキホンにあるからかもしれないね。それから「一所懸命」のように、日本で生まれた四字熟語もあるんだ。

このように、四字熟語の由来はさまざまだけど、その１つ１つからは、歴史や文化を感じられるはず。なぜなら、それぞれの時代を生きた人びとの、複雑な気もちや強い感情、すばらしい考えなどを、ギュッとつめこんで生まれたものだからね。

だからといって、四字熟語は昔の古びたことばなんかじゃないよ。いまだって、生活のさまざまなところで息づいているんだ。四字熟語は、いまを生きるわたしたちの気もちも表現してくれるものなんだよ。

おもしろそう！
四字熟語ワールドへ
たんけんに行きたくなったよ！

四字熟語のパターン

四字熟語には、「①似た意味の二字熟語を組み合わせたもの」「②反対の意味の二字熟語を組み合わせたもの」「③上の二字熟語が下の二字熟語を修飾しているもの」が多くあるよ。また、「④漢字四字が対等の関係でならんでいるもの」というパターンもあるんだ。

① 独立独歩
独立 ≒ 独歩
似ている

② 一喜一憂
一喜 ⇔ 一憂
反対

③ 一所懸命
一所 ⇒ 懸命
修飾

④ 喜怒哀楽
喜＋怒＋哀＋楽
対等

数字を使った四字熟語

四字熟語には数字がよく使われているんだ。四字熟語に数字を使う場合、いろいろなパターンがあるよ。たとえば「一意専心」（１つのことに集中するという意味）のように、数字を1つだけ使う場合がある。また「一朝一夕」（⇒83ページ）「一長一短」（⇒85ページ）、それに「百発百中」（すべてねらいどおりにあたる、すべてに成功するという意味）のように、おなじ数字を2回使うこともあるよ。

さらに、となりどうしの数字を組み合わせた、「二束三文」（値打ちが低いという意味）や「五臓六腑」（内臓全体、体のなかという意味）、「十中八九」（十のうち八か九まで、ほとんどという意味）などのような四字熟語もあるんだ。

こうしたパターンのほかにも、「一日千秋」（1日が千年に思われるくらい長く感じるほど待ちどおしいという意味）や「万死一生」（⇒39ページ）のように、ずっとはなれた数字どうしを組み合わせて使う場合もある。四字熟語の数字の使われ方には、ほかにもいろいろなパターンがあって、とってもバラエティに富んでいるんだ！

数字を使った四字熟語は
たくさんあるから、
探してみよう！

第1章

成長するためにチャレンジしよう！

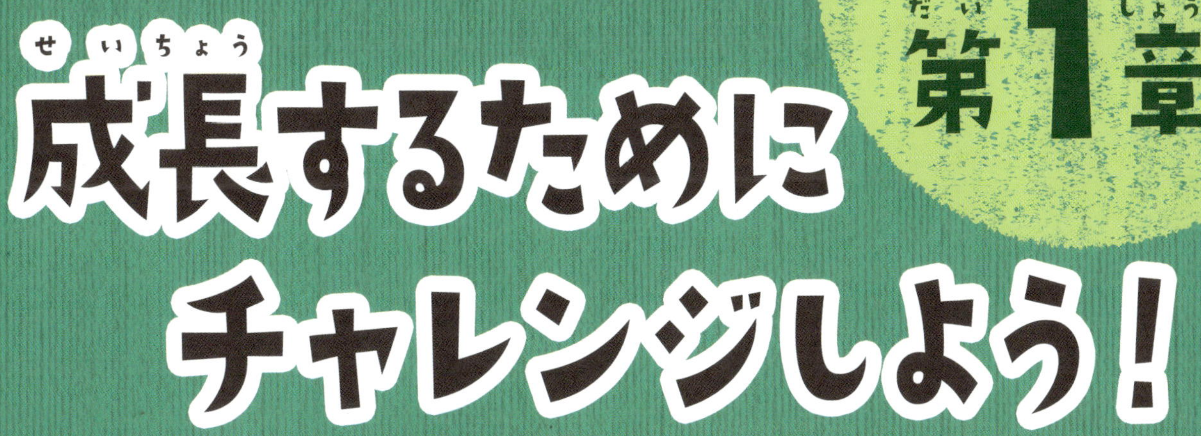

これから成長していくために、なにかにチャレンジしたい！　もしもきみがそう思っているのなら、ぼくたちが力になるよ！　ここに出てくる四字熟語は、強い決心や必死のがんばりのたいせつさを教えてくれるよ。

一念発起くん

目標を決めて
決意をかためる!

なにかに挑戦するとき、
ぼくを思い出しておくれよ。

▶▶ ぼくは、きみがなにか新しいことをはじめようと決意するときに、活躍する四字熟語だよ。

▶▶ ぼくには、きみを本気にさせる力があるんだ。きみの決意をかたくして、心を引きしめてあげるよ。

▶▶ ぼくの名前の「一念」は、「一念、天に通ず」といって、天に届くくらい、強い意志を表すことばだよ。

- 「発起」を「はっき」ではなく、「ほっき」と読むのは仏教用語だから。
- 「一念発起菩提心」という仏教のことばが由来。「菩提」とは悟りのことで、悟りを求めることを決意するという意味。
- おなじような意味の四字熟語に「一念発心」がある。

どんな意味？

きみはいま、なにかチャレンジしたいことはないかい？　もしかしたら、ぼくが力になれるかもしれないよ。ぼくは、それまでの行いや考えを反省して、なにかをやりとげようと決心することを意味するからね。

たとえば、自分の勉強やスポーツに向き合う姿勢をふり返ってみてよ。もし、十分に努力できていなかったら、ぼくを思い出してね。きみが本気でとりくむように、はげましてあげるから！　一念発起すれば、中途半端な気もちになんか、ならないはずだよ！

じつはぼく、もともとは仏教のことばなんだ。「一念」は、深く思いつめることを表すことば。「発起」は、仏を信じる道に入ろうと決意することばだったよ。

一念発起して、
給食を残さないで食べるぞ！

どんなふうに使われる？

ぼくは、なにかをはじめようとするときや、心を新たにして、自分の課題の解決のためにがんばろうとするときに使われるんだ。たとえば、「算数が苦手なんだけれど、なかなか克服できない。一念発起してさらにがんばって、得意科目にするぞ」というようにね。

ぼくには、ただふつうに「こうしようと決心する」というより、もっとしっかりした強い決意を、きみにあたえる力があるんだよ。もしもきみが中途半端な自分を反省したら、ぼくの出番！　心を新たに、もう一度チャレンジしてほしいな。

そうそう、よく「発起」を「はっき」と発音する人がいるけれど、これはまちがいだよ。もしもきみが「一念はっき」しても、ぼくは力を発揮できないからね！

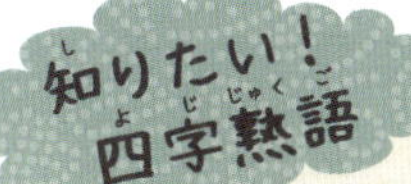

一念発起とことわざ

深く思いつめるという意味をもつ「一念」には、「一念岩をも通す」ということわざがあるよ。これは、深い思いをこめれば、かたい岩に穴をあけられるように、なんでもやり抜けるっていうたとえだよ。ぼく、一念発起の名前にある「一念」には、それほど深い思いがあるってことを、忘れないでほしいな。

「一念」って、
とても重いことばだったのね！

試行錯誤はかせ

わたしを何度も経験してこそ、成功に近づけるぞ！

失敗してもあきらめない！

「試行」とは試しに行う、あるいはチャレンジするということ。「錯誤」は失敗やまちがいを意味した熟語なんだ。

成功のかげには、わたしがいる。失敗をおそれずに何度もチャレンジするんだ。

もともとわたしは、心理学で使われる“trial and error”という英語を訳したことばだよ。

- もともと“trial and error”は、迷路に入れられた動物が、失敗をくり返しながら脱出するまでの道すじを表した心理学のことば。
- 試行錯誤とは反対の、すぐにものごとを決めるという意味をもつ四字熟語に「即断即決」がある。

どんな意味？

なにかをはじめるとき、すぐに成功することはほとんどない。ある方法を試しては失敗し、別なやり方を試してみても失敗する。失敗、失敗、また失敗……。それを何度もくり返して、ようやく最後に、成功にまでたどりつくというものなんだ。

わたしも実験と失敗をくり返している最中さ。あ、自己紹介がおそくなったね。わたしは試行錯誤。たくさんの試みと失敗をかさねながら、成功に近づくという意味さ。

きみたちは１回や２回の失敗で、努力することをあきらめてしまっていないかい？　それは成功への道を自分で閉ざしてしまっていることになるよ。発明王・エジソンだって、「失敗すればするほど、わたしたちは成功に近づいている」といっているよ。

どんなふうに使われる？

「試行錯誤の連続で、心が折れそう」というように、わたしは何度やってもうまくいかないときに使われる。でもそれだけじゃないよ。「数百回も実験をくり返す試行錯誤の結果、すばらしい成果が得られた」というように、成功するまでをふり返り、試行錯誤は決してムダじゃなかった、というときにも使われるんだ。つまり、何度も挑戦をくり返すときに使うんだよ。わかったかな？

きみは、わたしなんかに出会わずに、すぐに成功したいと思っているだろうね。でもわたしを経験することは、そんなに悪いことじゃない。なぜなら、わたしを経験することで、きみはより深く考える力を身につけられるからね。わたしはきみの成功の土台、きみをきたえるための試練だと考えておくれ！

わたしの仲間

熟慮断行どん

成功するにはわたし、試行錯誤がたいせつだって、わかったかな？　でも、はじめから失敗しようとしてチャレンジする人なんていないね。そこで紹介したいのが、熟慮断行どん。かれは失敗しないように、考え抜いてから行動するという意味なんだ。

よく考えない四字夫には
どちらも必要な四字熟語ね！

切磋琢磨さん

競い合って自分を高める！

あっしは、はげまし合ったり、競争したりして、おたがいを高めるという意味の四字熟語なんだ。

夢をかなえた人たちは、たいていあっしで自分をきたえた経験があるみたいだぜ。

ライバルどうし、おたがいが認め合うときに、あっしが登場さ。あっしがいる関係って、いいもんだよ。

- 中国でもっとも古い詩集『詩経』に出てくる、「切するが如く磋するが如く、琢するが如く磨するが如し」ということばが由来。
- 「切するが如く磋するが如く、琢するが如く磨するが如し」は、衛という国の王の磨きのかかった人格を、職人技にたとえて賞賛したことば。

どんな意味？

あっしの名前、一度くらいは聞いたことがあるだろ？　学校などでは、「切磋琢磨できるお友だちをつくりなさい」なんていわれて、とくに人気のある四字熟語だからな。

まずはあっしの名前、1字ずつその意味を確認してみようじゃねえか。「切」は動物の骨や角を切ることを意味しているぜ。「磋」は骨や角をやすりで研ぐこと。「琢」はノミで玉や石などを刻むこと。そして「磨」は玉や石を磨くことなんだ。つまりあっしは骨や角、玉や石などの素材を、さまざまな方法で加工して美しいものにすることなんだぜ。ここから、自分の能力や人格をいっそう高くすることや、ライバルがおたがいにはげまし合ったり、競争したりして、ともにレベルアップすることを意味するようになったんだ。

どんなふうに使われる？

勉強やスポーツ、どんな分野でもいいが、おめえたちにライバルはいるか？　自分1人ではむずかしい目標でも、ライバルと競い合えば、それが可能になることがあるぞ。おたがいが競争し合い、ときにははげまし合って、知識も技術も、より高いレベルになるように、必死で努力するからだぜ。その経験こそ、あっしなんだ。いいもんだろう？

たとえばあっしは、「算数では、ぼくとA君はライバルさ。点数を競い合っていつも切磋琢磨して勉強しているよ」とか、「どっちが試合に出場するか勝負だ。切磋琢磨して練習するぞ」というように使われるんだ。

こんなふうに、あっしが登場できるライバルがいれば、おめえはどんどんと成長していけるはずだぜ！

百戦錬磨さま

百戦錬磨さまは、たくさん戦っていろんな経験をつんで、自分をきたえるという意味の四字熟語だぜ。あっしと百戦錬磨さまがいれば、おめえの実力はぐんぐんとアップするはず。少しきびしい道のりだが、あっしと百戦錬磨さまのこと、忘れちゃいけないぜ。

切磋琢磨できる友だちこそ、本当の友だちだぞ。

一所懸命ちゃん

とにかく必死でがんばる！

あたし、ご主君からいただいた1つの土地、つまり「一所」を命がけで守っているの。

あなたのチャレンジがうまくいくかどうか、それはあたしを実行するかしないかだよ！

あたしによく似た「一生懸命」という四字熟語は、江戸時代に「一所」が「一生」に変わってできたらしいの。あたしの妹みたいなものね！

- 1文字ちがいの「一生懸命」は、一所懸命とほとんどおなじ意味。テレビ放送や新聞などでは、一生懸命が使われることが多い。
- さらに強い意味をもつ四字熟語に、自分の体も命も惜しまないでつくすという意味の「不惜身命」がある。

どんな意味？

あなたのチャレンジが成功するかどうか、そのポイントは、あなたが目的に向かって、どれだけ必死にがんばれるかってことよ。その、必死にがんばるという意味の四字熟語の仲間はたくさんいるけど、１番人気があるのはあたし。あなただって、両親や先生に使ったこと、あるでしょ？

あたしは鎌倉時代に生まれたらしいよ。

「一所」とは、そのころの武士が主君からもらった一カ所の土地のこと。「懸命」とは命をかけることを表してるの。当時、武士にとって土地はとってもたいせつだったから、命がけで守ったよ。それであたしは、本気でとりくむこと、必死でがんばることを意味するようになったの。

一所懸命は、もともと武士の世界のことばだったんだ！

どんなふうに使われる？

あたしの使い方は、むずかしくない。とにかく必死でがんばるってことだから、みんなもよく使っていると思うわ。

でも、じっさいに一所懸命になることがむずかしいから、あたしという四字熟語は人気があるんだと思うの。たとえば、「つぎの試合まで、とにかく一所懸命に練習するぞ」とか、「一所懸命にがんばって、今度の試験ではいい点をとるぞ」といったかたちで、いろいろなところで使われているわね。

もちろん自分のことだけではなく、「あの子は一所懸命に勉強したから、希望する学校の入学試験に受かったんだね」というように、ほかの人の必死のがんばりに使ってもかまわないよ。だって、あたしは必死でがんばる人の味方だからね！

あたしの仲間

無我夢中ちゃん

自分を忘れるほど、なにかに熱中してしまうってこと、みんなだってあると思うわ。無我夢中ちゃんは、そんな状態を表す四字熟語なの。あたしにも少し、似てるっていわれるんだ。でも無我夢中ちゃんはもっと純粋で、あたしみたいな必死さはないの。

「夢中」を「無中」と書かないように注意だぞ！

独立独歩にいさん

他人をたよらず自分で行動！

ぼくを実行する勇気をもとう！

ぼくは他人にたよらず、自分で考えて独りで歩むという性格だけど、それは独りよがりとはちがうぞ。

成長するためには、ぼくが必要なんだ。きみの心のなかにぼくがいなければ、一人前とはいえないよ。

自分がどうするかを人から教えてもらい、その道を進むのは楽だよ。でも、それだけでは、人として成長できないよ。

- 独立独歩の「独」には、そばにだれもいないこと、助ける者がいないこと、自分だけという意味がある。
- 「独歩」には、ほかにくらべるものがないほど、とてもすぐれているものという意味もある。

どんな意味？

ぼくの名前にある「独立」とは、人の力を借りないということ、「独歩」とは、独りで歩むということだよ。つまりぼくはほかの人にたよらないで、自分で判断し、自身の力だけで、信じる道を進むという意味なんだ。

もしかしたらきみは、素直なよい子で、両親や先生など、まわりの人のいうことをよく聞いて、勉強したり生活をしたりしてきたかもしれないね。それでうまくいくことも多いけれど、それだけでは、十分とはいえないよ。まわりの人の考えをそのまま受け入れるのではなくて、自分で考えて判断できるようになってはじめて、成長したっていえるんだ。きみが成長したいと思っているのだったら、ぼくのこと忘れちゃダメだよ。

成長するためには
独立独歩の精神が
必要なんだぞ。

どんなふうに使われる？

ぼくを身につけるということは、自分の判断と行動に責任をもつということだよ。それはとてもきびしいことかもしれないけれど、これからきみが成長していくためには、そんなチャレンジが必要なんだ。

きみも、「これからは独立独歩でがんばるんだ！」とまわりの人に宣言して、ぼくを身につけるチャレンジをしてみてよ。もちろん、まわりの人にはなるべくたよらないで、独りでがんばるといっても、それはほかの人の意見を無視したり、協力してもらわない、ということじゃないよ。まちがえないで！

まわりの人に助けてもらっても、大事な判断は自分でする。そしてその結果も受け入れる気もちをもつことが、ぼく、独立独歩で生きていくってことだよ！

自分の力で生きていくって、
おとなって感じで
カッコいいわね！

ぼくの仲間

孤軍奮闘さん

孤軍奮闘さんは、だれも味方がいなくても、独りでがんばるという意味だよ。独りのときは、孤軍奮闘さんになりきる覚悟が必要。それがあれば、ピンチを抜け出せるはず。もし、四面楚歌さま（⇒28ページ）が現れても、孤軍奮闘さんを思い出して戦おう！

千載一遇さま

1000年に一度しか現れない、レアなわたくし！

めったにない絶好のチャンス！

▶▶ わたくしの名前にある「千載」というのは、1000年、あるいはそれよりもっと長い時間という意味で、「一遇」とは一度だけ出会うことですわ。

▶▶ 1000年に一度くらいのすばらしいチャンス、それがわたくしの正体です。

どんな意味？

わたくしは幸運の女神。1000年に一度よりめずらしいチャンスという意味ですから、幸運の女神よりめずらしいかもしれませんね。チャレンジを成功させるために、いつも注意して、わたくしとの出会いを逃さないようにしてほしいですわ。

どんなふうに使われる？

わたくしはめったに姿を見せません。だからよく、「千載一遇のチャンスを逃すな！」なんていうような使われ方をしますわ。つぎはだれの前に現れるか？　ひょっとしたら、あなたの前に現れるかもしれませんわ。そのときは見逃さないでくださいね！

一石二鳥こぞう

1つの行動で2つの成果をものにする！

きみも一度は、おれの名前を聞いたことがあるんじゃないか！

▶▶ じつはおれ、イギリス生まれ。英語のことわざ“To kill two birds with one stone”（1つの石を投げて、2羽の鳥をしとめる）の日本語訳が、おれの名前さ。

▶▶ おれを実行できれば、最初に期待した以上の成果を得ることができるぞ！

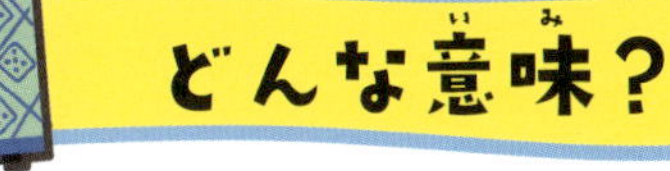

どんな意味？

「1つの石を投げて、２羽の鳥をしとめる」という英語のことわざから、おれは生まれたんだ。１つの行動で２つの成果を手に入れることを、わかりやすくいった四字熟語さ。ふつうは１つの石で１羽の鳥をしとめるのがやっとだろうけど、おれは２羽しとめるぜ！

どんなふうに使われる？

おれはこう見えても、けっこう人気があるぞ。「勉強をがんばれば、成績がよくなるし、まわりの人にもほめられる。一石二鳥だ」とか、「運動は一石二鳥の効果がある。体力もつくし、健康にもなる」というように使われる。きみも使ったことあるだろ？

どこで生まれた？ 四字熟語

四字熟語は中国の古典に由来するものが多いよ。たとえば、ものごとをすばやく処理するという意味の「一刀両断」は、中国で1270年ごろにできあがったとされる、『朱子語類』という本がもと。ほかにも「四面楚歌」(⇒28ページ)は『史記』、「大器晩成」(⇒82ページ)は『老子』など、いろいろな古典のことばをもとにして、さまざまな四字熟語が中国で生まれたんだ。

仏教に由来する四字熟語も多いよ。「言語道断」の「言語」とは、ことばとして表すという意味、「道断」とは、それが断たれることなんだ。つまり、ことばにはいい表せないほどひどい、ということさ。「言語」を「げんご」じゃなく「ごんご」と読むのは、仏教のならわしなんだ。仏教に由来する四字熟語は、このように独特の読み方をするものが多いから、注意が必要だよ。

「一所懸命」や「和洋折衷」(西洋と日本の様式をほどよく混ぜ合わせるという意味)のように、日本で生まれた四字熟語もたくさんあるよ。なかには、「一石二鳥」のように、英語に由来する四字熟語もある。「一石二鳥」はイギリスのことわざ“To kill two birds with one stone”(1つの石を投げて、2羽の鳥をしとめる)を、日本でアレンジして生まれたんだって！

由来がわかると、
四字熟語がもっと楽しくなるぞ！

第2章

ピンチになったとき・・・

絶体絶命コンビ

▶▶ オレたちの名前の「絶体」と「絶命」は、もともと九星術という中国の占いで「凶」を示す星の名前だったんだぜ。

▶▶ オレたちは、おまえたちのすきを見つけて、そこにつけ入るのが得意！　オレたちにつかまらないよう、注意するんだな。

▶▶ ときどき、「絶対絶命」と書くやつがいるが、これはまちがい。「絶対」まちがえるなよ！

■「絶体」は、体が追いつめられた限界の状態のこと。ちなみに「絶対」は、比較するものや対立するものがないこと。

■意味が似ている四字熟語に「風前之灯」がある。これは、命が危ないときのたとえに使われる。

どんな意味？

絶体絶命というオレたちの名前には、おまえたちもあまり、いいイメージをもってないだろう？　それもそのはずだ。だってオレたちは、体も命も失うほど、追いつめられた状態っていう意味なんだから……。

そんなオレたちにつかまったらたいへんだぜ。いくらもがいても、逃げられないピンチになってしまうからな！　オレたちは、あちこちにひそんでいて、おまえたちがどんなふうに考え、どんな行動をするのかを、いつも観察しているぞ。そして、ちょっとでもすきがあれば、そこに入りこんで絶体絶命にしてやるんだ！　オレたちに出会ったら、まずは落ち着くことだな。

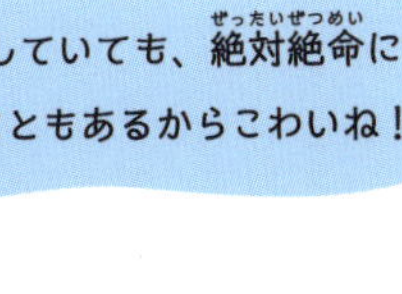

どんなふうに使われる？

意外と有名なオレたち、よくおまえたちの会話で登場するよな。たとえば、「え、もう試験!?　ぜんぜん勉強してないよ、絶体絶命だ！」とか、「たいせつな試合だけど、点差が開きすぎて逆転なんてもう無理、絶対絶命だよ」とか、学校のテストやスポーツの試合のときなんかに、ちらちらとオレたちが見えることが、あるんじゃないかな？　そんなときオレたちは、おまえたちのとなりでいじわるに、ニヤリと笑っているよ。

おまえたちは、それぞれの目標にチャレンジしているらしいが、そんなやる気のある人ほど、きっと何度もオレたちに出会うだろうな。そのときに、おまえたちがどうやってオレたちを乗りこえていくのか、それがいまから楽しみだぜ！

悪戦苦闘ちゃん

オレたちは一度出会ったら、簡単にはおまえたちを逃がさないよ。そんなときは、悪戦苦闘ちゃんに、助けてもらうことだな。きびしい環境で苦しんでいても、必死に戦うのが、悪戦苦闘ちゃんのすごいところ。そのがんばりを見ていると、泣けてくるぜ！

まわりは敵だらけで
助けもない！

できることなら
わしには出会わない方が
いいかもしれん。

▶▶ まわりは敵だらけ、という状態になってしまったことはないかな？　そのような状態こそが、わしなんじゃ。

▶▶ まわりが敵だらけにならぬよう、ふだんから注意しておくことも必要じゃぞ。

▶▶ たとえわしと出会っても、あきらめないことがたいせつじゃぞ。敵の強固な囲みをうち破る知恵をもつことじゃ。

- 大昔の中国の歴史家・司馬遷が書いた歴史書『史記』にある、「垓下の戦い」について書かれた文章が由来。
- 意味が似ている四字熟語に、ほかから１人だけはなれていて、だれも助けてくれない状態を表す、「孤立無援」がある。

どんな意味？

まず、わしの由来から話そう。ずっと昔、中国にあった楚という国の将軍、項羽が、漢という国と戦争をしているとき、まわりのすべてを敵に囲まれてしまったんじゃ。ある夜、敵の軍勢から項羽の故郷の歌、つまり「楚歌」が聞こえてきたんじゃが、この楚歌を聞いた項羽は、楚の人びとの多くが降参してしまい、敵になってしまったと思って、ひどく悲しんだという話があるんじゃ。

わしは、この話をもとにして生まれたんじゃぞ。「楚歌」が自分の前後左右の「四面」から聞こえてきたから、四面楚歌なのじゃ。わしは周囲すべてを敵に囲まれてしまった状態、だれも助けてくれず、孤立してしまったときのことを意味するんじゃよ。

すっかり敵に囲まれるなんて、最悪ね～。

どんなふうに使われる？

わし、四面楚歌は、いまの時代でもよく使われるぞ。たとえ戦争ではなくても、敵に囲まれてどうすることもできない、ということは多い。たとえば、サッカーや野球など、スポーツの試合を敵のホームグランドでするときなどもそうじゃ。応援は、ほとんど相手チームへのものばかり。自分たちのチームはまさに四面楚歌の状態といえるぞ。

またわしは、敵に囲まれたときにだけ使われるわけじゃない。まわりの人たちが、自分が必死にやっていることを理解してくれなかったり、自分の意見にだれも賛成してくれなかったりするのも、四面楚歌といえるのじゃ。たいせつなのは、もし四面楚歌になってしまっても、その状況を切り抜ける方法を冷静に考えることじゃよ。

知りたい！四字熟語

四面楚歌と『史記』

楚歌を聞いて悲しんだ項羽は、数少ない兵士とともに戦った後、自分で自分の首をはねて死んだというぞ。この話が書かれている『史記』は、前漢の時代に書かれた中国最初の歴史書で、わし、四面楚歌以外にも、臥薪嘗胆マスク（⇒42ページ）や傍若無人さま（⇒60ページ）など、四字熟語の由来となった話がたくさんあるんじゃ。

『史記』は全130巻にもおよぶ大作なんだぞ。

五里霧中じいさん

どうするべきかわからない！

わしは長生きじゃから
きみがおとなになっても
現れるぞ。

▶▶わしは仙術を使って、きみたちを深い霧につつみ、どうしたらいいかわからないようにしてしまう、すごい力があるんじゃ。

▶▶ときどき「五里夢中」と書く人がいるが、それはまちがいじゃぞ。「夢のなか」じゃなく「霧のなか」が正しいのじゃ。

▶▶どんなに深い霧でも、いつかかならず晴れる……。これが霧をつくったわしからの、ないしょのアドバイスじゃよ。

- 「五里霧」とは、五里四方にたちこめる深い霧という意味。「五里霧」という三字熟語と「中」という漢字でできている。
- 山のなかで生活していた張楷という学者が、仙術を使って五里四方に霧をおこすことができたという中国の古典に由来する。

どんな意味？

わしは仙術を使って五里四方を深い霧でおおってしまうことができるんじゃ。五里とは、いまの距離にすると、2.5キロメートルくらい。それが四方八方じゃから、かなりの広さじゃのう。その霧のなかでは、ほとんどなにも見えないのじゃ。わし、五里霧中は、その霧のなかにいるような状態のこと。自分の置かれた状況がわからず、今後の見とおしも、ぜんぜん立たないことを意味するんじゃ。

きみたちも、自分を見失い、どうするべきか迷ってしまうこと、あるんじゃないかな？そんなときは決してあわてず、落ち着いて、どうすればよいかをじっくり考えるんじゃ。霧はいずれ、かならず晴れるからな。わしがいうんじゃから、まちがいないぞ！

ぼくの勉強は、
いつも五里霧中だよ…。

どんなふうに使われる？

なにかをしようとしても、どうしたらよいかわからない場合に、わしはよく使われるんじゃ。たとえば、「勉強して成績をあげたいけれど、なにからはじめればよいかわからない。五里霧中だよ」とか、「連戦連敗のとっても弱いチーム、立て直したいけれど、五里霧中でその方法が見つからない」といった具合じゃ。また、遠足などで迷子になったときも、あせってどうすればよいかわからなくなる。まさに五里霧中じゃな。

ひょっとしたら、きみはすでにわしに出会ったことがあるかもしれんのう。仙人のわしは、とても長生きじゃから、子どものときだけじゃなく、おとなになってからも、このわしと出会うことになるかもしれん。ふふふ……、いまから覚悟しておいておくれ。

わしの仲間

暗中模索ひめ

暗中模索ひめは、わしとよくに似た意味の四字熟語じゃ。暗闇で、手がかりもないまま、あてもなく探し求めるという意味じゃよ。わし、五里霧中は霧のなかで、暗中模索ひめは暗闇のなかで迷うというわけ。霧と暗闇、どちらもたいへんじゃ……。

暗中模索も、どうしたら
よいかわからないときに
使われるぞ！

七転八倒さん

痛みと苦しみで
立ちあがれない！

わたしはいつも、
もがき苦しんでいるのだ！

▶▶ わたしは、苦しみや苦痛がひどくて、起きあがれず転げまわっているような状態を意味しているんだ。

▶▶ わたしは体の苦痛だけでなく、精神的に大きなダメージを受けて、ひどく落ちこんでいるときにも使われるよ。

▶▶ わたしの名前にある「七」や「八」という数字は特定の数ではなく、回数が多いことを表しているんだよ。

- 「しってんばっとう」や「しちてんはっとう」と読む場合もある。
- 中国の古典『朱子語類』に出てくることばで、もともとは、世のなかが大きく混乱しているようすを表す。
- 似た四字熟語に、さまざまな苦難や災難を意味する「七難八苦」がある。

どんな意味？

漢字そのままだと、わたしは7回転んで8回倒れるという意味だよ。つまり、起きあがることもできないほど、もがき苦しんでいるという意味なんだ。たいへんなけがをして激しい痛みを感じたときには、わたしが登場するよ。それに、大きな失敗をしたり、順調に進んでいたはずのものが、壁にぶつかってしまったりして、精神的にダメージを負った場合もわたしの出番といっていいだろうな。つらい場面での登場ばかりだけれど、それが宿命だって、あきらめているよ。

わたしも、みんなも、そんな苦しみや痛みはごめんだよね。でも人は生きているかぎり、何度も大きな苦しみや痛みを経験するんだ。楽な人生なんてないんだよ。

七転八倒にはなりたくないわ！

どんなふうに使われる？

できることなら、きみ自身もまわりの人たちも、わたし、七転八倒なんて言葉を使わない人生がいいと思うけど、現実はきびしい。

わたしは「交通事故で大けがをしたため、七転八倒の苦しみを味わった」「大きな失敗をした。七転八倒して、もう立ち直れない」というように、きみたちが不運に直面するときに登場するんだ。こんな使われ方、わたしだって、正直つらいよ！

七転八倒のわたしがいうのも気が引けるけど、もしもわたしと出会ったら、勇気を出して、乗りこえていってほしいな。わたしは苦しさにのたうちまわりながら、「わたしを乗りこえろ！」って、心のなかでさけんでいるんだよ。わたしもがんばる、だからきみたちも負けないでおくれ。

わたしの仲間

七転八起くん

七転八起くんは、何度失敗してもくじけないで立ちあがり、再出発するために努力をするという意味だ。わたし、七転八倒とのちがいは最後の1字だけだけど、意味は正反対だね。七転八起くんを忘れなければ、わたしが現れても、きっときみはだいじょうぶだよ！

よーし、失敗しても七転八起するぞ！

四苦八苦さん

人生は苦しみばかり！それでもくじけてはダメよ！

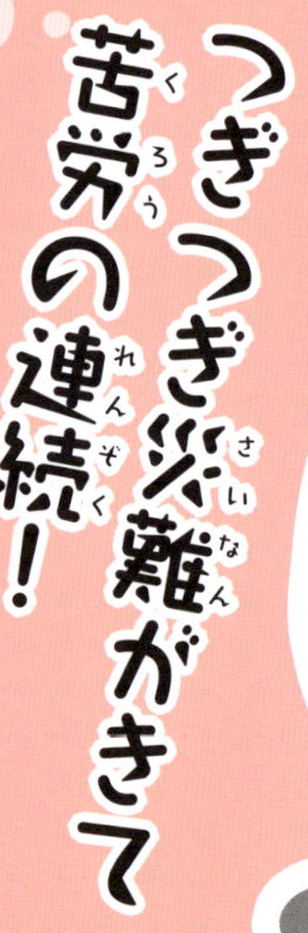

▶▶ わたしの名前、四苦八苦は、もともと仏教のことば。人が生きていくなかで出会うさまざまな苦しみが由来よ。

▶▶ わたしはいろいろな場面で登場するよ。それだけ、人生は苦労が多いってことなのね。

どんな意味？

わたしにはいつも、つらいことばかりおこるんだよ。わたしの「四苦」と「八苦」は仏教のことばで、病気や死、たいせつな人との別れなど、人が生きていくなかで出会う苦しみのことよ。いまでは、「とても苦しい」や「たいへん苦労している」という意味で使われるよ。

どんなふうに使われる？

みんなは、ふだんの生活のなかでわたしによく出会うよね。たとえば「算数の問題が解けずに四苦八苦している」とか、「たくさんの意見があって、まとめるのに四苦八苦している」とか……。最近は、ちょっとした場面でもわたしが使われてるみたいね。

起死回生おばちゃん

絶望的な状況を打開する！

うちがおったら、一発逆転や！

ピンチ

▶▶ うちは絶望的な状況を切り開くときに活躍する四字熟語なんや。

▶▶ うちの名前は「起死」と「回生」の2つのことばでできている。2つとも死にかけた人を、生き返らせるという意味なんやて。

どんな意味？

うちは、もともと「死にかけたとしても、息を吹き返して、命をとりもどす」という意味なんよ。ど根性のもち主ってことやね。ほかにも失敗しそうになって、もち直したときなどにも登場するんや。きびしい状況でも、絶対めげたらあかんで！

どんなふうに使われる？

いまではうちは、死にかけた人間が命をとりもどすというよりは、絶望的な状況が奇跡的によくなったとき、使われることが多いみたいや。「起死回生のホームラン」とか「起死回生のすばらしい方法」というのがそれ。うちの役目は絶望を希望に変えることや！

四字熟語、きわめる！

季節を感じる四字熟語

寒い冬がようやく終わり、春のさわやかな風が肌をなでる……。みんな季節を感じながら、日々をおくっているよね。

四字熟語のなかには、わたしたちが感じる季節をうまく表現したものもたくさんあるよ。たとえば、「三寒四温」ということば。これは、寒い冬の日が3日ほど続いた後に、温かい日が4日くらい続くという気候を表しているよ。まだまだ寒い春先に使われることが多いんだ。また、「春風駘蕩」は、春風が気もちよく吹くようすを表す四字熟語で、おだやかな性格の人のことを表すときにも使われるんだ。

「五風十雨」は、世のなかがおだやかだという意味だけど、その理由は5日ごとに風が吹き、10日ごとに雨が降る年は、農作物が豊作になるといわれているからだよ。きびしい気候を意味する「秋霜烈日」は、秋の冷たい霜と、夏の強い日差しから生まれた四字熟語。このことばは、人間社会で刑罰のきびしさ、自分の信念を曲げない意志のかたさなどを表すときにも使われるよ。

第3章

もう一度、がんばってみよう！

一度や二度の失敗にあっても、あきらめずに前へ進む勇気が大事だよ。わたしたちは失敗してしまったきみに、アドバイスをおくる四字熟語。気もちを切りかえて、挑戦してみよう！

危機一髪ちゃん

あたしはいつも、ドキドキなのよ！

ギリギリで危険を逃れる！

▶▶予想もしなかった危険に出会っても、髪の毛1本ほどのわずかなちがいで、なんとか危険をさけるという意味なのよ。

▶▶ときどき「危機一発」と書く人がいるけど、これはまちがいよ。あたしは「髪の毛1本の差」で、危険をさけるって、おぼえておいてね！

▶▶危険な目にあったり、ピンチになったりしても、あきらめないで！　きっとあたしみたいに、なんとかなるよ。

- 「危機一発」というまちがいは、昔、「007/危機一発」という映画タイトルがあったため、広まったともいわれる。
- 「一髪」を使った四字熟語には、1本の髪でとても重いものをつるすほど危険な状態という意味の「一髪千鈞」がある。

どんな意味？

あたしは海賊だから、しょっちゅう危険な目にあうんだ。このあいだもライバルの海賊につかまって、樽に入れられたの。そうして一本ずつ剣をさしていって、くしざしで殺されてしまいそうになったんだ。でも危機一髪で、仲間が助けてくれたんだよ！

こんなあたしの体験のように、危険な目にあったり、ピンチになったりしても、ギリギリのところでその危機をさけることができたときのことを、危機一髪っていうのよ。

一本の髪の毛で重いものを引いていて、いまにも切れてしまいそうな危なかしい状態というのが、あたしの由来なんだ。どんなに危険なときでも、あたしがいればギリギリでさけられるから、あきらめないで！

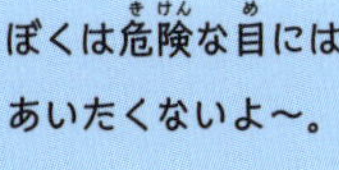

どんなふうに使われる？

「大きな災害におそわれたけれど、危機一髪のところで避難できた」「試験の最後に見直しをしていたら、まちがいに気づいた。危機一髪でミスをせずにすんだ」。そんなふうにあたしは使われるよ。世のなか、危ないことが多いみたい。あちこちから、あたしをよぶ声が聞こえてくるんだ。

でも最近、あんまりよばれることが多いので、「みんな本当にピンチに出会ってるの？」と感じているの。もちろんあたし、みんなが危険やピンチを切り抜けられたらいいって思ってるよ。でも大事なのは、ピンチにならないようにする努力だよ。それでも、どうしても危ないときには、ギリギリのところで、危険やピンチを切り抜けるあたしがいるってこと、思い出してほしいんだ！

あたしの仲間

万死一生さん

万死一生さんは、ほとんど死ぬと思われた危険な状態で、なんとか助かることを意味する四字熟語なの。そこから、命を投げ出すような必死の覚悟を意味するようにもなったよ。あたしも万死一生さんも、きみが大きなピンチにあったときには、応援にかけつけるよ。

万死一生と思って、
ピンチに立ち向かおう！

初志貫徹くん

「初志」とは最初に立てた志、「貫徹」は貫き通すという意味だ。

「志」とは、心に決めた目標や目的のことさ。これがあって、はじめておれが生きてくるぜ。

おれの名前のように、高い理想に向かって必死に努力する、それはすばらしいことだよ。

- 初志貫徹の「徹」は、貫き通すという意味。よくまちがわれる「撤」は、取り除くという意味。
- 似ている四字熟語に、はじめから終わりまで態度や考えを変えないという意味の「首尾一貫」「首尾貫徹」などがある。

どんな意味？

おれの名前は初志貫徹。問題に直面しても、はじめに立てた志を貫き通す、という意味だ。「志」っていうのは、心に決めた目標のこと。きみも志、もっているよな！

おれは一度決めたら、どんな障害があってもつき進む。進むとなったら、決してあきらめないぞ。初志貫徹という名前に恥じない、それがおれの生き方なんだ。

そんなおれのことを、「融通がきかないがんこ者」というやつもいるが、気になんかしていられない。でも、近ごろは世のなかの変化が激しいから、いつまでもおなじ態度でいいのか、悩んでいるんだ。「初志」を変えずに、変化する状況にどう対応するか、臨機応変さま（⇒46ページ）に教えてもらうよ。

すぐにあきらめちゃう四字夫に必要な四字熟語ね！

どんなふうに使われる？

自分でなにかをやろうと決意したら、問題にぶつかっても、最後までそれを貫き通す。それがたいせつだ。おれ、初志貫徹ということばがあるってことは、それだけ志を貫くことが、困難だからなんだ。

こんな姿をしていても、おれにだってくじけそうになることがあるよ。でも、最初に立てた目標を忘れないで、決してあきらめないのが、おれの生き方なんだよ。

おれは「初志貫徹して、ついに志望校に合格したよ」とか、「高い理想があっても、それを初志貫徹することはむずかしい」というように使われるんだ。自分の決意を実現することができるかどうか、それが問題になるときに、おれが現れるってわけさ。みんなも、初志貫徹を心がけてくれよな！

付和雷同おやじ

おれと性格がまったくちがうのが、付和雷同おやじだ。自分の意見がなく、その場の状況に合わせて、すぐにだれかの意見に賛成してしまうという四字熟語。おれには、付和雷同おやじの考えがわからん。おれとは正反対のおやじだよ。おれは苦手な人だね。

付和雷同にはなりたくないね！

臥薪嘗胆マスク

▶▶わたしの名前はちょっとむずかしい。「臥薪」とは薪の上に寝ること、「嘗胆」とは苦い胆をなめるという意味だぞ。

▶▶わたしの名前は、中国の古典に由来している。リベンジのために苦労にたえた話さ。

▶▶目的を達成するのは簡単じゃない。でも決して不可能じゃないよ。わたしのことを思い出して、必死でがんばった人はたくさんいるぞ。

■臥薪嘗胆の「嘗胆」の由来は、司馬遷によって書かれた『史記』に出てくる。しかし、「臥薪」は出てこない。

■「臥薪」と「嘗胆」の両方が記述されるようになったのは、明の時代にまとめられた『十八史略』という歴史入門書などが最初。

どんな意味？

わたしは臥薪嘗胆マスクとよばれているよ。いつも仮面をかぶっているからね。

意味は、ライバルとの争いで負けたくやしさを忘れないで、リベンジするってことだよ。くやしさを思い出すために、薪の上で痛みをがまんして寝たり、動物の胆をなめて、その苦さでくやしい気もちを思い出したりして、目的を達成するために苦労にたえてがんばっているところなんだ。わたしが仮面をかぶっているのは、苦しい表情をみんなに知られたくないからさ。

きみも目的の達成のために、歯を食いしばりながらがんばっているのか？　おたがい、臥薪嘗胆でしっかりやろうな！

訓読みすると
「薪に臥し、胆をなめる」
というぞ！

どんなふうに使われる？

わたしの名前に使われている漢字はちょっとむずかしく、きみたちには、あまりなじみがないかもしれない。でも、漢字では書けなくても、苦労しながら、目的を達成するために、必死にがんばっている人は、きみのまわりにもいると思う。その人の心のなかには、わたし、臥薪嘗胆がいるはずだよ。

たとえば試験に失敗した人は、「今度こそいい点をとるぞ」って、がんばっているはずだ。これこそが、臥薪嘗胆の気もちの表れだね。また、新しい会社をつくって成功した人などは、それまでたいへんな苦労をしてきたはずだよ。その人の努力のことを、たとえば「長年、臥薪嘗胆でがんばって、ついに会社が大きくなった」と表現することもある。うまく使えると、かっこいいぞ！

知りたい！四字熟語

臥薪嘗胆と古典

2500年ほど前の中国の春秋時代、呉と越は戦争していた。呉の国王・夫差は、薪の上に寝て自分を奮い立たせ、父のかたきである越の国王・勾践と戦って勝利した。その後、今度は勾践が負けた恥を忘れないように、苦い動物の胆をなめ、ついに呉を滅ぼして夫差に復讐した、というのがわたしのいわれさ。

このあいだのピアノの発表会はさんざん！　でも臥薪嘗胆で、つぎはがんばるぞ。

不言実行ねえさん

やるべきことこそ
だまってやる！

口には出さず
やるべきことに集中よ。

▶▶わたしの名前、「不言」はなにもいわないこと、「実行」はじっさいに行動するという意味よ。

▶▶深く決意したときには、口に出していわないで、わたしにまかせて！

▶▶わたしの方が、有言実行にいさん（⇒45ページ）よりも年上よ。だって有言実行にいさんはわたしをもじってできた四字熟語だもの。

- 似た四字熟語に、口は重いが行動はすばやいという意味の「訥言敏行」がある。
- 不言実行とは反対に、口を出すばかりで行動がともなわないことを意味する「有口無行」という四字熟語がある。
- 「有言実行」に対して「有言不実行」という造語もある。

どんな意味？

なにか新しいことをはじめようとするとき、「今度、○○をはじめるよ」って、いいふらしている人がいるけれど、わたしはちがうんだ。行動するときはあれこれいわず、やるべきことをしっかりやる……。それが、わたしのやり方なの。

なにもいわずに行動する！　それがわたしの意味なんだよ。だれも知らないあいだに、やるべきことをやって結果を出すって、かっこいいでしょ？　それに、はじめに口に出して人に話してしまわずに、なにもいわない方が、「やろう」という決意は、より確かなものになるんじゃないかな？　みんなもわたしをまねして、不言実行をやってみてよ。

どんなふうに使われる？

だれかが「Aくんは不言実行の人だ」といった場合、その人はAくんを高く評価しているもの。不言実行の結果として、きちんとよい結果を出したAくんを評価しているんだ。

具体的には「Bくんは自分でトレーニングをして、ついにレギュラーだよ。不言実行の人だ」とか、「まさかCさんが○○中学に合格するなんて！　不言実行の人だね。ぜんぜん勉強してるように見えなかった」というように、わたしは使われるよ。

軽はずみに自分の目的を口にしない、という意味のほかにも、もともと無口な人が、実力を発揮したときにも使われるよ。もしあなたがなにかに挑戦するときは、わたしを思い出して！　自分がやるべきことを心に刻んで、だまってチャレンジしてみてね。

わたしの仲間

有言実行にいさん

こんなわたしだけど、口に出したことを行動にうつす有言実行にいさんは尊敬してるの。不言実行だと、ときどきまわりの人が心配することもあるよ。わたしと有言実行にいさん、じつはそんなにちがわないんだ。たいせつなのは、きちんと実行するかどうかよ！

臨機応変さま

状況が変わったら方法も変えるのじゃ。

状況の変化に対応する!

▶▶「臨機」とは、その場、そのときに出会うこと。「応変」とは、変化に応じた対応をすることじゃよ。

▶▶「状況が変わったから、目標は達成できない」というのは、わたしではないぞ! 目標を達成するためにこそ、わたしが登場するんじゃ。

どんな意味?

わたしは、状況の変化に対応した方法をとるという意味じゃ。新しい状況になったときに、もしもきみが最初の方法を変えずに、自分のやり方にこだわっていたら、目的の達成はむずかしくなる。状況が変化するたびに、とるべき方法はちがってくるのじゃよ。

どんなふうに使われる?

わたしは「災害におそわれたら臨機応変に行動する」というように、状況に応じて行動を変えなくてはいけないときに使われるんじゃ。いつ状況が変わるのか、それはだれにもわからない。「もしも」に備えるとは、いつでも臨機応変を忘れぬということじゃな。

心機一転ちゃん

前向きに気もちが変わる！

毎日が新しいスタートよ！

▶▶「心機」は心のはたらき、「一転」はガラリと変わることなの。だからあたしは、気もちが前向きになるときに使われるよ。

▶▶「心気一転」と書く人がいるけど、それはまちがいなの。似ているから、気をつけてね！

どんな意味？

新しいことをはじめるときや、気分が落ちこんでしまったときこそ、あたしの出番！なにかをきっかけに、気もちがすっかり変わって、よい方向に向かうというのがあたしの意味。きっかけは、自分でつくってもいいの。元気がないときは、あたしをよんでね！

どんなふうに使われる？

アスリートが試合に負けたときに、「気もちを切りかえて、がんばります」といっているね。これがあたし、心機一転だよ！「新学期は心機一転して、苦手科目を克服する」「好きな子にふられたけど、心機一転だ！」とあたしを使って、前向きになろうね！

こんな仲間もいるよ！

由緒正しき四字熟語たち

「四字熟語のキホン」でもふれたけど、四字熟語は中国の古典や仏教に由来しているものが多い。ここに登場する四字熟語は、みんな有名で、しかも由来がはっきりとしている、由緒正しい四字熟語たちだよ！

仲が悪い者どうしが、いっしょにいたり、協力したりするって意味のおれたち。コンビといっても仲が悪いぞ！　名前にある呉と越は、大昔、中国にあった国の名前さ。おたがいに仲が悪かったらしいが、そんな仲でもおなじ船に乗ったときに嵐にあったら協力するものだっていうのが、おれたちの由来なんだ。中国の兵法書『孫子』に出てくる話だぞ。

あたしのことは、中国の思想書『荘子』や『列子』に書いてあるの。昔、サルまわしがエサとなるトチの実を「朝に３つ、夕方に４つやる」といったら、サルたちが怒りだした。そこで「朝に４つ、夕方に３つやる」といったら、サルたちは喜んだらしいの。あたしといっしょでおバカさんね。目先のちがいにとらわれて、本当はおなじことに気づかないってこと。

朝三暮四ちゃん

中国の画史『歴代名画記』に出てくる画家の話がわしの由来じゃ。その画家は見事な竜を描いたのじゃが、瞳を描かなかった。しかし、まわりの人にたのまれて、瞳を描きこんだら、竜は本物となって飛びさったのじゃ。すごい話じゃの！わしは、ものごとを完成させるための最後の仕あげ、という意味じゃよ。肝心なところが抜けていることを意味することわざ、「画竜点睛を欠く」で有名じゃ。

画竜点睛さま

疑心暗鬼くん

ぼくは、いつもビクビクしている。みんながぼくに悪さするんじゃないかと不安なんだ。だって、ぼくの意味は、疑いの心で見ていると、なにもかもが信じられなくなり、こわくなることだからね。そんなぼくの由来は、中国の思想書『列子』の「疑心暗鬼を生ず」ということばだよ。暗鬼とは「暗闇にいる亡霊」のこと。ぼくにはそれが、見える気がするんだ。

世のなか、変わらぬものなどなにもないのう。わし、諸行無常は仏教のことばで、世界はいつも変化していて、変わらないものはなにもないという意味なんじゃ。日本の古典『平家物語』のはじめに出てくる、「祇園精舎の鐘の声　諸行無常の響きあり」という１文は、とても有名じゃよ。

諸行無常さま

くらしで目にする四字熟語

ここでは、ふだんの生活の、いろいろな場面で登場する四字熟語を紹介するよ。その意味を知っていると、きっとそのことばに出会ったときに、「なるほど！」って思うはずだよ。

病院へお見舞いに行ったときに、「面会謝絶」という四字熟語を見たことはないかな？　これは患者さんの病気の具合が悪化しないように、お見舞いの人が病室に入るのを断るためのことば。「謝」も「絶」も断るという意味で、それを２つも使っているから、かなり強い断り方になっているんだ。

また、宅配便などに「天地無用」って書いていることがあるよね？　これはおもに運送業で使われている四字熟語なんだ。「天」と「地」は、荷物の上部と下部を表し、「無用」は、～してはいけないという意味。つまり、こわれるおそれがある荷物を上下逆さまで運ばないでという意味だよ。

ほかにも、「応急手当」「名所旧跡」「千客万来」など、病院や旅行先、いろいろなお店などで目にする四字熟語もたくさん。四字熟語は、生活のいろいろな場面で活躍しているね！

神社やお寺には、
四字熟語がたくさんあるよ！

第4章

うまくいったときこそ注意！

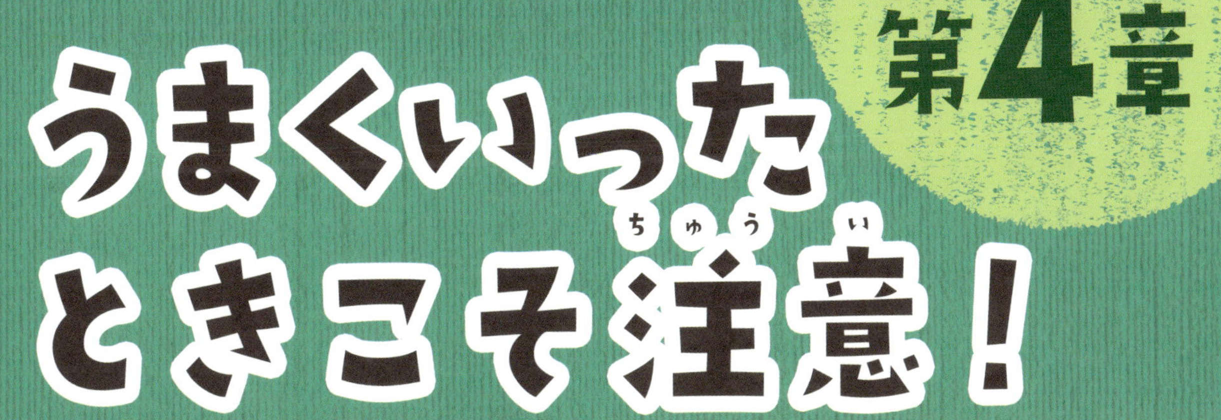

自画自賛プリンセス

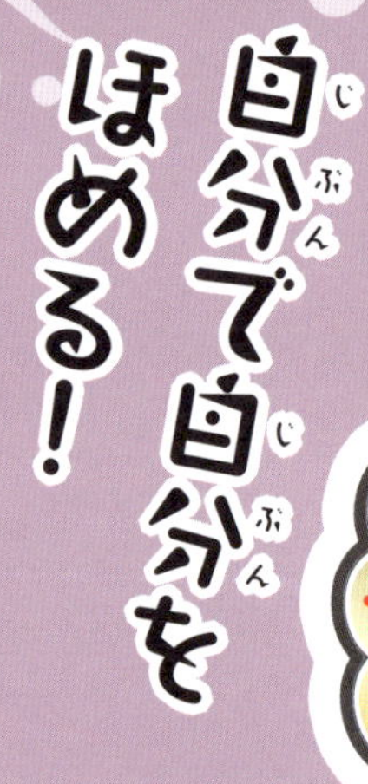

▶▶ わたくしは自分をほめるという意味の四字熟語。まちがって「自我自賛」って書かれてしまうことも多いので、気をつけてくださいまし。

▶▶ 自分をほめるのは、心のなかだけにしてね。それがおとなのたしなみってものですわよ。

▶▶ ほかの人の前で自分のことをほめすぎると、「自画自賛している」「うっとうしいなあ」と思われることがありますの。注意した方がいいですわよ。

- 昔は「自画自讃」というように、「讃」と書くのがふつうだったが、現在では「賛」と書かれることが多い。
- おなじような意味の四字熟語に「手前味噌」がある。自分でつくった味噌を、たがいにじまんし合ったことが由来。

どんな意味？

わたくしは自分自身のことや、自分がしていることをほめる、という意味の四字熟語ですわ。多くの人がわたくしを「美しい」ってほめてくれますけど、じつはわたくし自身も、そう思っていますの……。これが自画自賛してるってことですわよ。

わたくしの由来を教えてさしあげますわ。「自画」とは自分で描いた絵のこと。そして、「賛」というのは、ほめことばのことですの。中国や日本では、描いた絵にその絵をほめる詩や文章を、別の人が書きそえることがあったんですの。これを自分で書いて、自分で自分の絵をほめたことから、わたくし、自画自賛が誕生したのですわ。

わたくし、絵も得意ですわよ。

どんなふうに使われる？

自分で自分をほめる、つまりわたくしが登場するってことは、けっこうたいせつなことですわ。なぜって、自分自身へのはげましにもなり、自信にもつながることですもの。

でも、いつもわたくしを登場させていてはダメ！　だれでもよい結果が出たら、「自分ってすごい」と自分をほめたくなるものですけど、そこは注意が必要ですわ。

成功したときには、自分に満足して、思わぬ落とし穴に気づかなくなる可能性があるもの。それに自分をほめてばかりいると、まわりの人は「自画自賛していてイヤな人」だと思うかもしれませんわ。あなたのふるまいを見て「慎みがない」と感じる人もいるかもしれません。わたくし自身の経験からいっても、注意した方がいいですわよ。

厚顔無恥さま

「厚顔」とは面の皮が厚いということ、「無恥」とは恥知らずってこと。つまり、他人のことになんかかまわないで、勝手な行動をするって意味ですわ。厚顔無恥さまは、「わがままで厚かましい」と苦情が出ても、ぜんぜん気にしてないようですけど、信じられませんわ！

自業自得キッド

ふとした気のゆるみこそ、おいらのねらい目だぜ！

自分がしたことの報いを受ける！

▶▶「業」とは、やったことという意味だから、「自業」は、自分自身の行いということ。「自得」とは、自業の結果を自分で受けるということさ。

▶▶悪い行いをした報いとして、けっきょくは自分がつらい思いをしてしまう、という場合に使われるよ。

▶▶おいらは因果応報さん（⇒55ページ）とおなじ、仏教のことばに由来した四字熟語だよ。

- 「自業」を「じぎょう」ではなく、「じごう」と読むのは**仏教用語**だから。
- もともとは、**よい行いにはよい報い**があるという意味もあった。
- 自業自得とは逆に、運や不運は天命によるものだという意味の四字熟語の**「運否天賦」**がある。

どんな意味？

だれでも、イヤなことはやりたくない。好きなことだけやっていたい。そうだろ？ それがおいら、自業自得のやり方さ。たとえば、テストがあっても、ぜんぜん勉強しないで好きなだけ遊ぶ。甘いものを食べて、歯みがきしないで眠ってしまう。そう、やりたい放題にしていると、おいらがやってくるよ。

その結果、テストの点は最悪、虫歯になって歯医者さんで痛い治療をしなくちゃいけなくなった。なんてことになるときもある。それが、自業自得、自分がやったことの報いを、自分で受けるってことさ。

うまくいったときは心がゆるむもの。そんな心のゆるみに、おいらは入ってしまうよ。

どんなふうに使われる？

おいらは、けっこうきびしい話のときに使われるよ。たとえば、「あの子はぜんぜん勉強しなかったから、志望校に入れなかった。かわいそうだけど、自業自得だね」「いつもいばってばかりいたから、友だちが少なくなった。これも自業自得かな」と使われるんだ。

失敗や力不足はだれにでもあるもの。でもそれだけでは、人は自業自得とはいわないよ。おいらが登場するのは、きみが自分の力でできることを、やらなかったときだよ。「もっと勉強すればよかった」「自分勝手にしなければ……」と、後悔する気もちになったら、おいらを使っておくれ。

おいらと会いたくなかったら、心のゆるみに気をつけなよ。後で後悔するようなことは、しないようにな！

おいらの仲間

因果応報さん

因果応報さんも、おいらとおなじでもともと仏教のことばだよ。よい行いにはよい報いが、悪い行いには悪い報いがあるという意味。つまり結果にはかならず原因があるってことさ。おいらに似ているね。因果応報さんも、悪いことをしたときに使われることが多いよ。

油断大敵ぼうや

きみの１番の強敵は、自分のなかの「油断」だよ！

気をゆるめると思わぬ失敗をする！

▶▶「油断」というのは、気をゆるめて注意をおこたること。「大敵」は大きな敵、つまり悪い結果をもたらすものだよ。

▶▶きみがぼんやりしているときに、「気もちを引きしめて！」と注意するのが、ぼくの役目さ。

▶▶ぼくはいつもそばにいて、きみの気がゆるむのを待っているんだ！

■油断大敵の由来はさまざまあるが、「涅槃経」（⇒57ページ）が有力。
（⇒57ページ）

■ほかの由来に、約1200年間油をつぎ足しながら燃え続けている比叡山延暦寺の「不滅の法灯」がある。灯が消えないように油を足すのを忘れてはいけないということから、油断大敵ができたという。

どんな意味？

ぼくは「気を抜くと、とんでもない悪い結果をもたらすぞ」といういましめのことばだよ。いろんなところにひそんでいるんだ。

とくに、きみの挑戦がうまくいったときは、ぼくが登場する大きなチャンス！　だってそんなときは、きみの心がすごくゆるんでいるから。まあ、ほとんどの人は、調子がいいと緊張感がなくなりがちだけどね。

誤解してほしくないけど、ぼくはきみに悪さをしたいわけじゃない。その反対だよ。だからきみが気もちをゆるめてしまったら、ぼく、油断大敵を思い浮かべて、気もちを引きしめておくれ。そう、ぼくはきみが失敗をしないための、強い味方なんだよ！

どんなふうに使われる？

「わたしは算数が得意だから、勉強しなくたってだいじょうぶ」なんていって、得意科目の勉強をしないで、テストを受けたらさんざんだった……。そんなときには、「油断大敵だった」という具合で、ぼくのことを使うんだ。スポーツの試合で、弱いと思っていた相手からどんどん攻撃されて負けてしまうのも、油断大敵だね。

それに、よい成績をとって「よくできたね」と先生にほめられたときにも、ぼくは登場するかもしれないよ。なぜって、きみの気もちがゆるむかもしれないし、ほめられていい気分のきみを見て、ライバルたちは、「今度は自分が！」とがんばるかもしれないしね。そうやって油断していると、つぎは失敗しちゃうかもよ。油断は強敵だぞ！

知りたい！四字熟語

油断大敵と仏教

油断大敵の有力な由来は、「涅槃経」という仏教の経典にある話だよ。ある王さまが、家来に油の入った容器を運ばせたとき、その油を１滴でもこぼしたら殺すといったんだって。つまり、油断大敵のもともとの意味は、「油をこぼすという気のゆるみは、おまえを殺す強敵だぞ」ということなんだ。

順風満帆キャプテン

▶▶「順風」とは、船や人が進む方向に向かって吹く風のことで、追い風ともいうぞ。「満帆」とは、船の帆をいっぱいに張ることなんだ。

▶▶追い風を受けて進む船のように、ものごとが順調に進んでいることを、わたしは意味するぞ。

▶▶船の航海は順風のときばかりじゃなく、逆風や嵐にあうこともめずらしくないんだ。

- 「じゅんぷうまんぽ」とまちがって読まれることが多い。
- おなじような意味の四字熟語に「一路順風」がある。
- 反対の意味の四字熟語として、時の運に恵まれず苦労するという意味の「天歩艱難」がある

どんな意味？

わたしは帆船の船長で、順風満帆という名前だよ。帆船というのは、ヨットみたいに帆に風を受けて水の上を進む船のこと。わたしの船はいま、追い風という、行きたい方向に船を進める風を受けて、どんどんと海の上を走っているんだ！　この調子だと、予定どおりに、目的の港に到着するだろうな……。

こうして船が順調に進むように、いろいろなことがうまくいくことが、わたし、順風満帆の意味なんだ。

でも航海はそんなに甘いものじゃない。船が進むのと反対の方角から吹く風、逆風では、船はぜんぜん動かないし、急に嵐にあうこともあるから、気をゆるめてはダメだよ。

どんなふうに使われる？

テストの結果はとてもよかったし、スポーツの試合でも大活躍、ラブレターも生まれてはじめてもらったし、先生や両親にもほめられてばかり……。そんなきみは、「ぼくの人生は絶好調で、順風満帆だ！」とすっかりいい気分だろうな。でも、順風満帆、わたしを使うのは、ちょっと待ってくれたまえよ。

おじいさんやおばあさんが、これまでの人生について「いままで大きな不幸もなく過ごすことができた。順風満帆な人生だった」と考えるならともかく、若いきみの順風満帆には、思いもかけない落とし穴があるかもしれないぞ。風は追い風ばかりではない。これは逆風のなかでも、安全に船を航行させてきたわたしからの忠告だ。しっかり、心にとどめておいてくれたまえ。

多事多難おじさん

人生、わたしのように順風満帆ばかりとはいかないぞ。うまくいくことは、むしろ少ないくらいだ。困難やピンチに出会うことの方が、多いのだよ。そこには、多事多難おじさんがいる。「多事」とはたくさんの事件、「多難」とはたくさんの困難のことだよ。

傍若無人さま

どんな意味？

あたしのえらさは、あたししかわからないわね。ほかの人？　ふっ、関係ないわ。あたしは、とってもえらいんだから。自分勝手なのが、つまりあたし。他人のことなんて、眼中にないわよ。もしもあんたがあたしのまねをしたら、ただじゃすまないからね！

どんなふうに使われる？

昔話なんかじゃ「王さまのふるまいは、傍若無人じゃ」って感じで出てくるわ。「最近は他人の迷惑を考えない、傍若無人のふるまいをする人が多い」と使われることもある。ものごとがうまくいっているときは、あたしみたいになることが多いわね。注意しなよ！

我田引水アニキ

自分に都合よく考える！

「我田」とは自分の田んぼ、「引水」とは水を引くことさ。昔は自分の田んぼにできるだけ多くの水を引くために、たびたび争いがおこったんだ。

最近、おれの口ぶりや行動を「身勝手」と批判する人がいるらしい。いい気分で話をしていると、冷たい視線にドキリとすることもあるぜ。

どんな意味？

おれは「我田引水」という漢字のとおり、自分の田んぼにだけ、水を入れようとすることに由来する四字熟語だぜ。つまり他人の迷惑を考えず、自分の都合だけでものをいったり、行動したりするっていう意味なんだ。自分勝手に行動するって、けっこう楽しいぜ！

どんなふうに使われる？

「ルールを無視して、むりやり自分の都合のいいように考えるのは我田引水だぞ」と、わがままな人を注意する場面で、おれは登場するんだ。成功したときには、ついつい手がらを自分1人のものと考えて、自分の都合のいいように考えちゃうから、注意だぜ！

四字熟語、きわめる！

まちがいやすい四字熟語

漢字ばかりがならんでいる四字熟語。ちゃんと勉強したつもりでも、なかなか正確にはおぼえられないものだよ。漢字を見たまま暗記するのではなく、なにを表しているのか、理解しながらおぼえるのがポイント。ここでは、とくにまちがえやすい四字熟語を紹介するよ。

「異口同音」は、多くの人が、口をそろえておなじことをいうという意味の四字熟語。たくさんの人がいるのに、いうことがみんなおなじ、というのがポイントだよ。「異口」は、たくさんの人の口を表しているんだ。これを「異句同音」とまちがえることがある。「異句」、つまり「ちがういい方」じゃないことに注意してね。

「一蓮托生」は、よいことでも悪いことでも、いつもいっしょに行動して、運命をともにするという意味だよ。「一蓮」は、水に浮かんでいる１つの蓮の花のこと。仏教に由来することばで、もともとは、死んで生まれ変わっても、行いがよければ極楽浄土でいっしょになるということを表すよ。ついついこれを、「一蓮托生」と書く人が多いんだ。蓮の花の上までいっしょ、っておぼえておいてね！

おぼえたつもりの
四字熟語でも、どんな漢字か
しっかり確認しておこう！

第5章
人と人とがつながるとき・・・

成長するために1人でがんばることはたいせつ。でも、友だちや先生など、たくさんの人とつながることも大事なんだ。わたしたちは、人と接するときに必要なこと、やってはいけないことを考えさせる四字熟語だよ。

以心伝心さん

▶▶ わたしを訓読みすると、「心を以って心に伝う」って読むよ。心と心が通い合うってことだよ。

▶▶ わたしは、前もって相談しなくとも意見や考え方が一致するような場合にも使われるんだ。

▶▶ 以心伝心っていう自分の名前、わたし大好きなの。あなたの心とわたしの心。心が2つなんて、なんだかやさしい感じでしょ？

- 仏教の1つ、禅宗の教えをまとめた『禅源諸詮集都序』に出てくる、お釈迦さまが仏法の奥義を心で弟子に伝えたという話が由来。
- 似た意味の四字熟語の「不立文字」は、禅宗の教えを表すことばで、文字やことばではなく、心で伝えるという意味がある。

どんな意味？

以心伝心っていう名前、わたしは自分でも、とっても気に入ってるの。だって「心」という文字、なんだかあたたかい感じがするもの。わたしの名前に２つも入っている「心」は、最初のものは自分の心、後の方は相手の心を意味しているんだ。２つの心、なんだかすてきでしょ？

わたし、以心伝心は、自分の心と相手の心とが通じ合い、ことばを声に出したり、文字に書いたりしなくても、おたがいの気もちが伝わるってこと。もとは、ことばでいい表せない仏教の教えを、先生から弟子に心で伝えるということを意味していたよ。

人と人とが、深い愛情や信頼で結ばれているとき、わたしは登場するよ。

以心伝心って
とってもロマンチック！

どんなふうに使われる？

あなたと親しい友だちとのあいだには、きっとわたしがいるわ。だっておたがいの心が、口には出さなくてもよくわかる関係だもの。「会いたいなと思っていたら、友だちから連絡が入った」なんて経験あるでしょ？

ほかにも「授業で、先生にあてられるかな？」と思っていたら、ふと先生と目があってしまったとか。クラスの話し合いなどで、だれかと意見がぴたりと一致しちゃったとか。そんなときもわたし、以心伝心が使われる場面かな。ドラマで悪者が、口に出さなくても「いっしょに悪いことをしよう」という思いが通じて、ニヤリと笑う場面もそう。でも、そんなところで登場するの、わたしだってイヤよ。やっぱり、おたがいを大事にする人と人とのあいだで、使ってほしいな！

わたしの仲間

相思相愛さん

おたがいに思い合い、愛し合っているという意味の四字熟語、それが相思相愛さんよ。思いが通じ合うのは、わたしとおなじ。でも相思相愛さんは、恋人や夫婦のあいだで、よく使われるみたい。ほかにも、プロ野球のドラフト指名の場面などで、使われているよ。

「相」には、おたがいに
という意味があるぞ！

弱肉強食アニキ

弱肉強食というおれの名前、文字どおり弱い者の肉を、強い者が食べるという意味だぜ。

おれは競争が激しいことを意味することばとして、人間の世界でもよく使われているな。

弱肉強食ばかりでは、動物の世界でも、人間の世界でも、仲間とつながることはむずかしいかもしれんな。

- 唐の時代の文学者・韓愈が文暢という僧侶におくった文章のなかの「弱の肉は、強の食なり」が由来。
- 似た意味の四字熟語に、すぐれている者が勝ち、おとっている者が負けるという意味の「優勝劣敗」がある。

どんな意味？

動物の世界はきびしいぞ。だって弱い者は、強い者のえじきになってしまうんだからな。弱肉強食というおれの名前は、このきびしさを意味する四字熟語さ。

おれも長いあいだ、自分より弱い動物の肉を食べて生きてきた。そうしなければ、おれ自身が飢えて死んでしまうから、必死だったよ。でも最近、それでいいのかって考えるようになった。「百獣の王」といわれたおれだって、もっと強い動物のえじきになるかもしれない。そう思ったら、とてもこわいよ。それに争ってばかりでは、友だちもできやしない。本当は平和にくらして、たくさんの友だちをつくりたいんだよ。これって、「百獣の王」としてはずかしいことかな？

弱肉強食って、
けっこうたいへんなんだな…

どんなふうに使われる？

人間の世界だって、弱肉強食がはやっているみたいだな。ガキ大将がクラスメイトに、「このチョコレートはおれのだ！　弱肉強食だぞ」なんていうのは、まだかわいいよ。ビジネスという人間の世界では、「競争に勝って弱肉強食の勝者になれ！」なんて、いっているだろ？　たいへんだな。それに子どもたちの学校でも、「社会に出れば弱肉強食だぞ」といわれて、きびしく競争させられているらしいね。いやはや、心配だよ。

おれがいうのもなんだが、人間も少し反省して、やさしさをもって、おたがいにつき合ってみたらどうかな？　そう、人と人とのつながりってものを、考えてみたらいいよ。強い者におびえて生きるなんて、ぜんぜん楽しくないからな！

共存共栄ペア

共存共栄ペアは、みんなで助けあって、いっしょに繁栄するという意味だよ。弱肉強食のおれとは、正反対の意味だな。だがじつは、おれも共存共栄ペアに、おだやかなくらしってものを、学びたいと思っている。おっと、ここだけの話にしておいてくれよ！

動物の世界にも、
共存共栄があるわね。
見習わなきゃ！

一期一会さま

人と人との出会いは、かけがえのないものでございます。

▶▶わたくしは、「一生のなかでそのときかぎりと思い、心をこめてもてなす」という、茶道の精神を表すことばでございます。

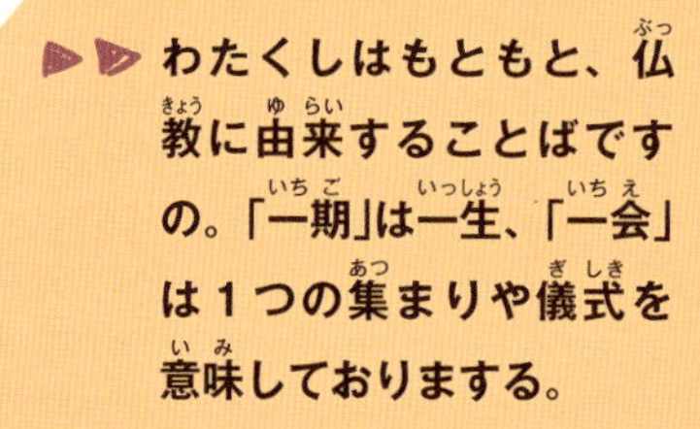

▶▶わたくしはもともと、仏教に由来することばですの。「一期」は一生、「一会」は１つの集まりや儀式を意味しておりまする。

▶▶「一期」を「いっき」、「一会」を「いっかい」とは、読まないでくださいませ。

- 江戸時代の大老・井伊直弼も、自分で書いた茶道の本のはじめで、１番たいせつな心得は一期一会の精神だといっている。
- 「袖ふり合うも多生の縁」ということわざは、どんな出会いもたいせつにしなければならないという意味で、一期一会と似ている。

どんな意味？

いまここで、はじめて、わたくし、みなさまとお会いしました。この出会いは、わたくしにとっても、みなさまにとっても、生涯を通して、この一度きりのものかもしれません。身も心も、引きしまります。わたくし、この出会いをたいせつにしたいと思いますの。みなさまだって、きっとそうお思いになってくださいますわね。

わたくし一期一会は、「一生に一度だけの出会い」という意味の四字熟語ですの。もとは茶道で、「みんなで集まって行う茶会は、毎回、たった一度きりのもの」だから大事にする、という考え方からきております。それが、まごころをこめて、ものごとに集中してとりくむという意味にもなったのです。

食べる「いちご」とは、
関係なかったんだ…

どんなふうに使われる？

わたくしが茶道で生まれたことばだから、みなさんは「自分とは関係なさそう」と感じたかしら。でも、たとえば「今度親しくなった友だちは、一期一会だからたいせつにしたい」と、わたくしを使ってごらんなさい。きっと「たいせつにしたい」という気もちが、いままで以上に深くなりますよ。

とはいえ、「今日、友だちとゲームしなくちゃいけないんだ。一期一会だからね」なんて使ったら、かえってお母さんにしかられるかもしれませんよ。あらかじめ、それはご注意させていただきますわ。

あなたがもし、信頼できる先生に出会ったら、わたくし「先生との出会いは一期一会。人生を変えるかもしれない大事なものよ」と、大声でいわせていただきます！

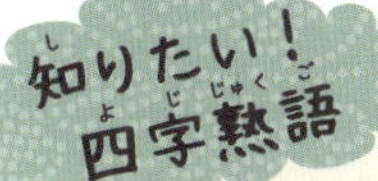

一期一会と千利休

千利休は安土桃山時代に茶人として活躍し、「茶聖」とたたえられた人ですの。弟子の山上宗二という人が書いたものによれば、利休は茶道の心得として「一期二一度ノ会」といったといいますわ。わたくし、一期一会はここから生まれたと考えられてますの。そんなえらい方のことばから生まれたなんて光栄でございます。

千利休は、
「茶道」をまとめあげた人だね

針小棒大ちゃん

小さなことを大げさにいう！

▶▶ あたしの名前にある「針」は小さなこと、「棒」は大きなことのたとえだよ。

▶▶ あたしのことを「針少膨大」って書いちゃう人がいるみたい。針は、「少し」じゃなくて、「小さい」だよ！

- 似た意味の四字熟語に、自分をじっさいより大きく評価する妄想という意味の「誇大妄想」がある。
- なかなか望みや願いがかなえられないことのたとえとして、「棒ほど願って針ほど叶う」ということばがある。

どんな意味？

あたしは文字どおり、針ほどの小さなことでも、棒のように大げさにいってしまうという意味だよ。つまりあたし、ちょっとしたことでも、ついつい大げさにいってしまうくせがあるんだ。でも、大げさなだけで、うそをついているわけじゃない。だから、べつに悪いことをしたなんて思ってないんだけど、近ごろなんだか、まわりの人があたしを、信用してないみたいなんだ。

もしかすると、きみもあたしとおなじようなことしていない？　きみは話をもりあげようとしているだけでも、「オーバーだなあ」って、みんなが信用しなくなるかもしれないんだ。あたしが登場しないためには、きみが見たこと、聞いたこと、経験したことを、なるべくそのまま話すことだよ！

どんなふうに使われる？

たとえば、君が転んで、ひざこぞうをすりむいたとするよ。それだけのことを、きみがまわりの人からやさしくされたくて、「痛い！　大けがだよ」とさわいだらどうだろう？「なんだ針小棒大なことをいって」と、みんなに軽蔑されちゃうかもしれないよ。

おなじように、ちょっといたずらをしたクラスの友だちを、すごく悪いことをしたみたいに、先生に話したとしたら、きみはクラスの友だちから「わざと針小棒大にいったな。イヤな人だ」って思われてしまうよ。

ほかにも、あたしは話をもり上げるときに登場しがち。楽しくおしゃべりしたい気もちは大事だけど、人のうわさを話すときは慎重にね。自分でいうのもなんだけど、あたし、針小棒大には注意しようね！

あたしの仲間

大言壮語おじさん

大言壮語おじさんは、あたしの親戚だよ。いばりながら、できそうもないことを大げさにいう、という意味なんだ。大げさにいうことでは、針小棒大のあたしも、ぜんぜんかなわないの。おじさんのお話はおもしろいけど、いつもみんながふりまわされるんだ！

馬耳東風どん

もしかしてぼくって、失礼なやつ？

人の意見を気にとめない！

ぼくは、人の意見に耳をかたむけずに、ただ聞き流すという態度を意味するんだ。

「東風」は春の風のこと。心地よい春風が馬の耳をかすめても、馬はなんの関心も示さないというのが由来だよ。

どんな意味？

ぼくは、人からいろいろ注意されても、気にもとめずに聞き流すだけだよ。近ごろ、ほかの人からは「なにをいってもムダ」って思われて、相手にされていないみたい。ちょっと悲しいけど、まあいいや。こんなぼくのことを、みんなは馬耳東風っていうよ。

どんなふうに使われる？

お母さんから注意されたとき、「ぜんぜん話を聞いてないじゃない！　まるで馬耳東風ね」って、いわれたことはないかい？　もしきみが、馬耳東風のままだと、だれもきみに注意をしてくれなくなるかもしれない。ぼくのまね、やめた方がいいかもよ。

みんなにやさしくするのだって、たいへんなのよ！

だれにでも愛想よくする！

▶▶「八方」というのは、あらゆる方角という意味。だから「八方美人」は、どこから見ても美しい人ってこと。うふ、すごいでしょ？

▶▶じつはわたしの名前には、自分でも気づかなかったあまりよくない意味があるらしいの。

どんな意味？

わたしの名前は八方美人。どこから見ても美しいと、とっても評判なのよ。その評判を落とさないために、みんなに愛想をよくしようと、心がけているわ。でもなぜか、あまり親しくつき合ってくれる人はいないの。きっと、わたしが美人すぎるからなのね……。

どんなふうに使われる？

最近気づいたんだけど、じつは八方美人って、ほめことばじゃないんだって！「あの人は八方美人だから」という場合は、だれにでもいい顔をするから、本心がわからず信用できないってことらしいのよ。せっかくみんなに親切にしていたのに、美人は損ね！

単刀直入どの

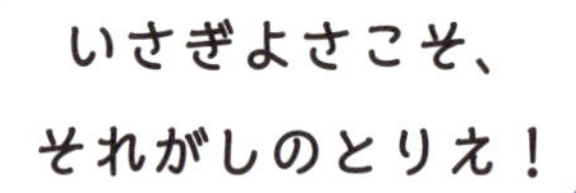

前置きなしで本題に入る！

「単刀」とは、1本の刀ということじゃ。それがしの名前は、もともと1本の刀で敵の陣地に切りこむ、という意味なんじゃよ。

それがしの名前を「短刀直入」と書く者がおるが、それはまちがいじゃ。ズバッと1本の刀で、進むのでござる。

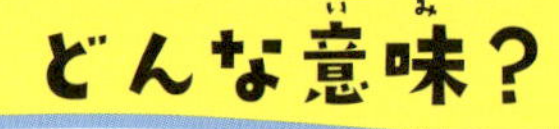

どんな意味？

それがし、前置きなしでズバリ、いいたいことをいって本題に入るという意味でござる。さむらいのたしなみでござる！ そのいさぎよさこそ、それがしの本分。説明が長くて、まわりくどい話し方は大の苦手じゃ。いいたいことをズバリ、気分がよいぞ！

どんなふうに使われる？

だれかを注意するとき、それをいい出すのはむずかしいじゃろ？ そんなときには、それがしを思い出すんじゃ。そして、「単刀直入にいって……」と、ズバリと話しかけてみよ。相手だって思ったよりも素直に、おぬしの注意を聞いてくれると思うぞ。

喜怒哀楽キッズ

さまざまな人間の感情！

わたしたちがいるから、人生は楽しいのよ！

わたしたちは、「喜」「怒」「哀」「楽」という人間の代表的な気もちを、それぞれ表しているよ！

生きていくには、わたしたちが必要だよ。いろいろな感情があるって、自然なことなんだ！

どんな意味？

わたしたちは、人間がもっている「喜ぶ」「怒る」「悲しむ」「楽しむ」という４つの感情を表す漢字を組み合わせて、１つの四字熟語になっているの。人はいろいろな気もちをもっているよね。わたしたち４人が、交代であなたの心をつかまえるわよ！

どんなふうに使われる？

自分の気もちをストレートに表す人は、「喜怒哀楽が激しい」っていわれて、ふつうはあんまりよいこととされていないの。でも、ときには自分の自然な感情に素直になった方がいいときもあるよ。素直な気もちは、ほかの人の心もときほぐしてくれるからね。

四字熟語、きわめる！

健康にいい四字熟語

四字熟語には、「医食同源」ということばがあるんだ。これは、医療も食事も、もとをたどればおなじという意味で、ふだんの食事に注意することが、病気にならない１番のヒケツだよと教えてくれているんだ。

食事や健康についての四字熟語、じつはとってもたくさんあるんだ。みんな、おいしいものを腹いっぱい食べることが大好きかもしれないね。でも、おいしいからといって食べ過ぎや飲み過ぎをしていたら、体にはよくない。それを「暴飲暴食」というよ。この四字熟語、とても乱暴そうで、いかにも体に悪そうに見えるよね！

「暴飲暴食」はしなくても、いつもおいしいものばかり食べていると、健康でなくなることがあるんだ。そこでおぼえておきたいのは、「一汁一菜」という四字熟語。これは、ご飯のほかにお汁一杯とおかず一品という意味で、質素な食事のたとえだよ。食事や健康についての四字熟語、おぼえたら食事のときに、家族や友達に教えてあげよう！

食事や健康だけではなく、
住まいや衣服についての
四字熟語も調べてみよう！

第6章

もっと成長していくために

一喜一憂きょうだい

喜んだり心配したりする！

ぼくら兄弟は、喜びを表す「喜」と、心配することを意味する「憂」が入っている。両方の気もちが組み合わされて、1つのことばになっているんだ。

ぼくら2人は、ちょっとしたことで喜んだり、心配したり。「落ち着きがないね」といつもいわれるよ。

小さなことであたふたするぼくらがきみの前に現れたら、心を静める努力をしよう！

- 似た意味の四字熟語の「一顰一笑」は、顔をしかめたり笑ったりするという意味がある。
- 「人間万事塞翁が馬」ということわざは、幸せや災いは予想できないから、一喜一憂してはダメだという意味。

どんな意味？

ぼくらは状況が変わるたびに、喜んだり、心配したりするという意味だよ。２人で１つの四字熟語になる仲よし兄弟。でも性格は、正反対なんだ。いつも２人で交代に、喜んだり、心配したりしているよ。

いそがしく入れかわる、ぼくらといると、きみも心がつかれてしまうかもしれないね。ごめんよ。でも、これからおとなになるきみには、ぼくらを乗りこえる、心の強さをもってほしいと思ってるんだ。ぼくらが、きみのとなりで喜んだり、心配したりしていても、気にしないで！「人生は、いいことも悪いこともあるんだ」って思える、よゆうのあるおとなになってね！

どんなふうに使われる？

スポーツの応援に行くと、友だちのチームが点をとったりとられたりする、白熱する試合の展開に、ついつい大興奮するもの。あるいは、テストの点がよくて大喜びしたり、予想もしない低い点数しかとれなくて、すっかり落ちこんでしまったりすることもあるよね。こんなときにぼくら、一喜一憂きょうだいと出会うことが多いんじゃないかな。

ぼくらを見かけたら、自分に「待てよ、一喜一憂しないで、落ち着いてみよう」といいきかせて、気もちをもち直そう。そして友だちにも、「一喜一憂しないで」ってよびかけてあげようよ。ぼくらだって、きみたちがいっしょになって、一喜一憂してほしいと思っているんじゃない。きみたちが成長するために、ぼくらは登場してるんだからね！

ぼくらの仲間

一進一退ばあさん

前に進んでは、後ろにさがって。よくなっては、悪くなる。行ったり来たりが、一進一退ばあさんの性格だよ。「計画の進み具合は、一進一退だ」って感じで使われる。ぼくらとおなじで「一〜一〜」とくり返して、「〜したり〜したりする」ことを表してるよ。

温故知新せんせい

昔のことを学んで新しい知識を得る！

古いもののなかにこそ、新しいヒントがあるぞ。

「温故」とは昔のことを学ぶという意味じゃ。「知新」は新しい知識を得るということ。両方、必要じゃな。

「温」には冷たいものを、温めるという意味もあるぞ。

わしの名前を「温古知新」と書いた教え子がおった。まちがえやすいから気をつけてのう。

- 温故知新の「温」には、冷たくなったものを温めるということから、習ったことを復習するという意味もある。
- 温かいという点から、「温」にはたいせつにするという意味もある。
- おなじ意味の四字熟語に「覧古考新」がある。

どんな意味？

わしは学者じゃから、昔のことを学んでおるよ。そんなわしのことを、「古い本ばかり読んでるひまな人」なんて、ばかにする人もいるようじゃが、まだまだじゃのう。

昔のことを知ることは、ただ歴史を知るためだけじゃない。いまおきていることでも、そうなった原因は、かならず過去にあるものじゃ。問題を解決するためには、その原因を知らねばならんじゃろう？　そのためにわし、温故知新は古いことを勉強しておる。そこにはきっと、新しい問題を解決するヒントがあるんじゃよ。

「古いことを調べて新しい知識を得て、それをいまに生かす」わしを、みんなも見直しておくれよ。

過去に学ぶことって、
たいせつなことね。

どんなふうに使われる？

わしがきみたちにすすめたいのは、古典を読むことじゃ。昔の人が書いたことなんか、役に立たないと思うかもしれんが、そんなことはないぞ。わしの学者仲間たちも、「古典を読むと温故知新のたいせつさがよくわかる」といっておる。

古典のなかには、いまでは知ることができないことがたくさん書いてあって、新鮮じゃぞ。それに、これまで人間がどんなふうに生きて、考えてきたかを知ることもできる。そこから、いまきみが、かかえている悩みを解決するヒントを見つけたり、前に進むための勇気を得たりすることができるんじゃ。

わしは、声を大にしていいたい。「温故知新はいまを生きるきみたちにこそ、必要な心がまえなんじゃ！」とな。

知りたい！四字熟語　温故知新と『論語』

温故知新は、孔子と弟子たちとのやりとりを記録した『論語』のなかの「故きを温ねて新しきを知る、以って師となるべし」(古いことを研究して、新しい知識を得ることができれば人を教えられるようになる)ということばに由来しているんじゃ。孔子は紀元前の中国、春秋時代の思想家で、儒教をはじめた人じゃよ。

『論語』は孔子の弟子たちが
まとめた書物だぞ。

大器晩成さま

▶▶「大器」とはすぐれた才能や偉大な人物を器にたとえたことばだ。「晩成」は時間をかけてできあがるという意味。ゆっくりがキホンなんだよ。

▶▶わたしはもともと、中国の思想家である老子のことばに由来するらしいぞ。

▶▶わたしを訓読みするときは、「大器は晩成す」と読むぞ。四字熟語の場合とは、またちがった味わいがあるものだ。

- 由来は老子が書いたとされる『道徳経』にある。この『道徳経』自体を『老子』とよぶことが多い。
- すぐれた才能のある人は、幼いころから優秀だったという反対の意味の「栴檀は双葉より芳し」ということわざがある。

どんな意味？

わしには、たくさんの実がなるし、小鳥や動物が巣をつくる。いまでこそ、まわりのみんなが感心するようなりっぱな大木になって、世のなかの役に立つようになったが、こんなわしも、小さいときはやせっぽちの木で、「役立たず」といわれたぞ。そんなわし、大器晩成は、大きな器ができあがるのに時間がかかるように、りっぱな人間がその力を発揮できるようになるまでには、長い時間がかかるという意味があるんだよ。

もしきみが、自分のことを才能も魅力もない人間だなんて思っているのなら、そんな考えはすててしまおうよ。小さなことは気にしないで、「ぼくは大器晩成なんだ」って、元気に過ごすんだ！

ぼくはきっと、
大器晩成だよ！

どんなふうに使われる？

わしはふつう、年齢が上の、世のなかで大きな仕事をしたような人に対して使われることばだよ。「あの人は子どものころは勉強が苦手だったが、ついにノーベル賞をとったよ。大器晩成だ」なんてね。また、なかなか思うような結果が得られない人への、なぐさめのことばとして使われることも多い。すごくがんばっていた人が失敗したとき、「きっとあなたは大器晩成よ。いつかかならず努力がむくわれるよ」といって、はげます場合に使われるんだ。

みんなには目先の成果にまどわされないで、未来の自分のためになるようにがんばってほしい。「ぼくは大器晩成なんだ」といって、自分がやるべきことをしない、いいわけに使うのはやめてほしいぞ。

ふだんの努力がなければ、
大器晩成もないぞ！

わしの仲間

一朝一夕ちゃん

一朝一夕ちゃんは、「ひと朝」「ひと晩」という意味で、きわめて短い期間を表す四字熟語なんだ。ふつう「～は一朝一夕にはできない」というように、否定文で使われることが多いぞ。わしのいまの立場も、けっして一朝一夕でつくられたものではないんだ。

十人十色チーム

▶▶ぼくらは、10人いれば10の個性がある……つまり人によって性格や好み、考え方がちがうという意味なんだ。

▶▶ぼくらはそれぞれの個性を生かして、大活躍。みんなちがうから、そのよさがいろいろな場面で出てくるよ！

▶▶ぼくらを「じゅうにんじゅっしょく」ってよばないで！　最初は「じゅう」と読むけど、後ろは「と」と読むんだ。

- 似た意味の四字熟語には、「百人百様」「千差万別」「三者三様」「各人各様」など、たくさんある。
- もっと多くの人数がいて、1人ひとりそれぞれに個性がある場合には「千人千色」ということがある。

どんな意味？

ぼくらは10人で、１つのチームをつくっているよ。ぼくらのチームの名前は、十人十色。それぞれ、とっても個性的だよ！　ぼくらはみんな、顔のかたちはちがうし、色もちがう。好きな食べものも考え方も、性格だってぜんぜんちがうんだ。それぞれが個性的だってことが、ぼくら、十人十色という四字熟語の意味なんだよ。

ぼくらは大事なことばなんだ。人間の数だけ、いろいろな個性があって、それぞれのよさがあるからね。もしきみが、「自分は人とちがうから、ほかの人に理解されないんだ」と心配しているなら、ぼくらを思い出して！　個性のちがいはあたりまえだって考えれば、きみの不安はなくなるはずだよ。

それぞれのちがいを大事にすることがたいせつなんだね！

どんなふうに使われる？

ぼくら十人十色は、それぞれがちがうって意味だから、ぼくらのチームのように「メンバーの個性がはっきりしていて、十人十色だから強い」と、よい意味で使われる場合もあるんだ。でも「クラスの発表会でなにをやるか、意見を募集したら、十人十色でぜんぜんまとまらない」と、あまりよくない意味で使われる場合だってあるよ。

また、「庭にはいろんな花が咲いている。色もかたちもちがい、十人十色だ」と、人間以外のものにも使われるよ。それからもちろん、「十人十色」だからといって、10人や10種類のときにだけ、使われるんじゃない。つまり、十人十色は、いろいろな人がいたり、さまざまなものがあって、それぞれちがいがあることを示しているんだ。

一長一短コンビ

一長一短コンビの、「長」は長所のこと、「短」は短所のことで、人やものごとにはよい面も悪い面もあるという意味だよ。なんでも1つの面だけで、判断しないでね。ぼくら十人十色チームが仲よしなのも、おたがいに一長一短を認め合っているからだよ。

10人以下でも以上でも、さまざまなちがいを表す場合は十人十色を使っていいのね！

無病息災さん

災いがなく健康で元気！

きみたちの元気のためにがんばるよ！

「無病」とは病気をしないこと、「息災」とは災いにあわないという意味だよ。

「息災」はもともと仏さまの力で災いを止めるということ。「息」には止めるという意味もあるんだよ。

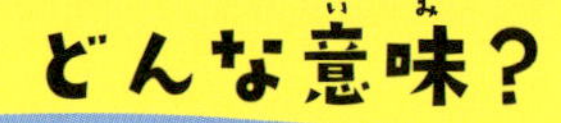

どんな意味？

きみたちが成長していくために、もっともたいせつなことは健康であること、そして災いにあわないこと。そこで活躍するのがわたし。病気にも災いにもあわず、無事であるという意味だからね。きみたちがなにごともなく無事でいられるよう、いのってるよ！

どんなふうに使われる？

家族で初詣でに行ったとき、「今年も家族が無病息災で過ごせますように」とおいのりするよね。初詣でのときだけじゃなく、神社のお祭りや行事は、わたしをいのることが多いんだ。ふだんの会話でも「無病息災でお過ごしください」なんて、使うことがあるよ。

誠心誠意くん

うそいつわりのない心が大事であります。

まごころをつくす！

▶▶「誠心」「誠意」のどちらもまごころという意味であります。わたしは2つのまごころを示すことで、思いの深さを表しております。

▶▶わたしは、あなたが自分の損得をはなれて、相手の立場に立てるようになったとき、登場するのであります。

どんな意味？

わたしはふつうです。特別なところはありませんけれど、いつでも精一杯、まごころをこめています。うそはいいません！　自分の損得を考えず、まごころをもってみなさまに接しているのです。人に気もちを伝えるときは、わたし、誠心誠意が大事です。

どんなふうに使われる？

まごころをつくして、なにかをするとき、それはわたしが登場するときです。ビジネスの世界では「誠心誠意、努力します」と使われることが多いです。子どもも使うことがあるかもしれません。なにか失敗しても、誠心誠意を忘れないでくださいね。

こんな仲間もいるよ！

漢字が対等な四字熟語たち

ここに登場する四字熟語を組み立てる漢字は、４つそれぞれが対等の関係をもって、ならんでいるよ。そしてその漢字４つは、それぞれの意味を生かしながら、おたがいに協力して、新しい意味をもつ四字熟語になったんだ。

古今東西さま

わたくし、昔もいまも、東でも西でも、つまり、昔からいままですべての時代、東洋と西洋を合わせた世界中のあらゆる場所、という意味の四字熟語です。えらいものでございましょう？　とてもめずらしい、ということを「古今東西に例を見ない」ともいいますわ。

美しい花や鳥の鳴き声、清らかな風、月明かり、自然はいろいろな美しい風景であふれているよね。そんな美しい漢字がならんだあたしは、自然の美しい景色、そしてそれをながめて楽しむ風流な心を意味するの。とってもステキでしょう！

花鳥風月ちゃん

わしは、もともと漢詩をつくるときのルールじゃよ。いまでは、文章や話の組み立て、順序を意味するぞ。文章を書くときは、そのはじまりを「起」、テーマの進行を「承」、新しい展開を「転」、そして、結論やまとめを「結」として考えるのじゃ。わし、起承転結のめりはりが、しっかりしている文章は、人に伝わりやすいぞ。

起承転結せんせい

冠婚葬祭ファミリー

われわれの名前にある「冠」「婚」「葬」「祭」は、人生の節目に行うたいせつな4つの儀式を表す漢字だよ。「冠」は元服、いまでいう成人式のこと。「婚」は結婚式、「葬」はお葬式、「祭」は先祖の霊をまつることを意味するよ。きみたちの人生でも、出会うことになるだろうから、おぼえておくれよ。

老若男女さん

老いも若きも男も女も、つまり、老人、若者、男、女など年齢や性別に関係なく、すべての人びとという意味が、わしにはあるんじゃ。この見た目で、わかるかもしれんがのう。最近は「ろうじゃくだんじょ」と、よばれることもあるんじゃ。

《ひとりでやってみよう！》

四字熟語おさらいクイズ！

たくさんの四字熟語キャラクターが出てきたけど、みんなおぼえているかな？
ここにある4つのクイズに答えて、チェックしてみてね！

どんな漢数字が入るかな？ □をうめてみよう！ パートⅠ

質問 下のキャラクターの名前(四字熟語)の□には、漢数字が入るよ。おなじ漢数字が入るものもあれば、ちがうものもある。なにが入るかわかるかな？

答え ①一、一 ②十、十 ③一、二

どんな漢字が入るかな？

□をうめてみよう！ パートⅡ

質問 下のキャラクターの名前(四字熟語)の□には、それぞれおなじ漢字が入るよ。どんな漢字が入るかわかるかな？

答え ①心 ②自 ③苦 ④絶 ⑤独 ⑥誠

どこで生まれた？

由来はなんだろう？

質問 下のキャラクターは、①中国の古典から生まれたものと、②仏教のことばに由来するものとに、わけられるよ。それぞれどちらに由来した四字熟語かわかるかな？

答え ①中国の古典に由来するもの：四面楚歌　臥薪嘗胆　臥竜点睛
②仏教のことばに由来するもの：一念発起　諸行無常　自業自得

きちんと書けるかな？

わたしはダレでしょう？

質問 下のキャラクターの名前（四字熟語）をおぼえているかな？ ヒントをたよりにして、□□□□に漢字を書いてみよう！

①

ヒント 試みと失敗をくり返しながら、成功に近づくことを意味するよ。

□□□□

②

ヒント ピンチにあって、ギリギリでその危機をさけることができたときのことをいうよ。

□□□□

③

ヒント 一生に一度だけの出会いという意味だよ。

□□□□

④

ヒント 古いことを調べることで、新しい知識を得ることだよ。

□□□□

答え ①試行錯誤 ②危機一髪 ③一期一会 ④温故知新

まだまだあるよ！

四字熟語コーナー

四字熟語ワールドのたんけんは、どうだったかな？　いろんなキャラクターたちから、たくさんの四字熟語を学べたよね。でも、四字熟語はまだまだいっぱいあるんだ！　ここでは5つのグループにわけて紹介するよ。

こんな人になりたい！

りっぱな心境・行動を表すもの

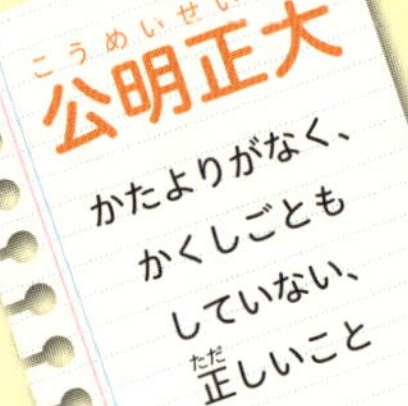

公明正大
かたよりがなく、かくしごともしていない、正しいこと

質実剛健
自分をよく見せようとせず、まじめで、心が強くしっかりしていること

一騎当千
1人で1000人の敵を相手にできるほど強いこと

明鏡止水
心がすんでいて、静かに落ち着いていること

当意即妙
すぐに機転をきかして、その場面にぴったりかなった対応をすること

ダメだこりゃ！

残念な心境・行動を表すもの

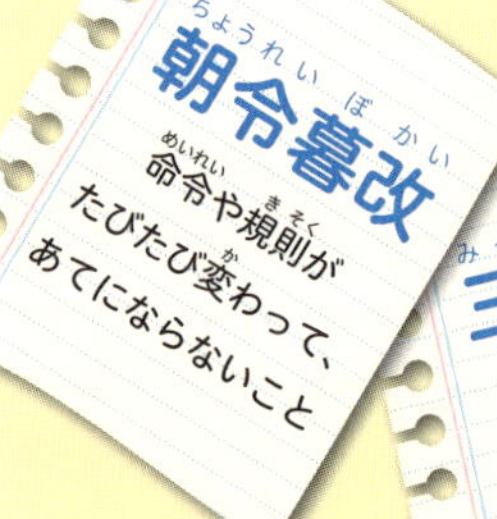

朝令暮改
命令や規則がたびたび変わって、あてにならないこと

三日坊主
すぐにあきてしまい、長続きしないこと。また、そのような人

他力本願
自分の力を使わずに、ほかの人の力でなにかをやろうとすること

悪口雑言
口から出まかせで、いろいろな悪口をいうこと。また、その悪口

自暴自棄
やけになって、自分自身を傷つける行動をすること

うれしいね！
状態がよいときに使うもの

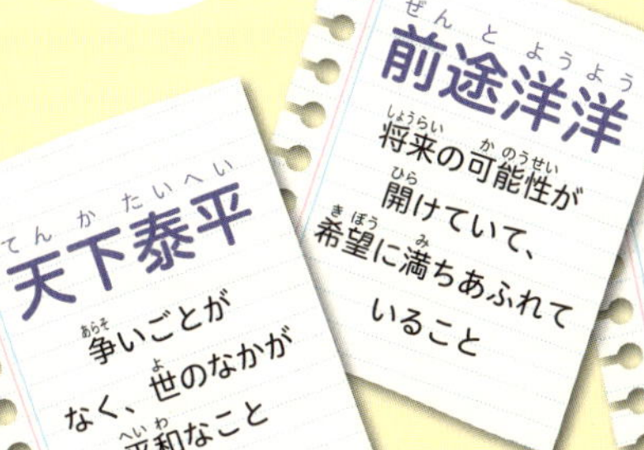

天下泰平（てんかたいへい）
争いごとがなく、世のなかが平和なこと

前途洋洋（ぜんとようよう）
将来の可能性が開けていて、希望に満ちあふれていること

得意満面（とくいまんめん）
自分の望みどおりになり、満足した表情が顔全体に表れていること

面目躍如（めんもくやくじょ）
世間の評価にふさわしい、期待どおりの活躍をして、生き生きとしていること

和気藹藹（わきあいあい）
人びとのあいだに、やわらいでむつまじい気分が満ちていること

いってみよう！
話し合いなどに使えるもの

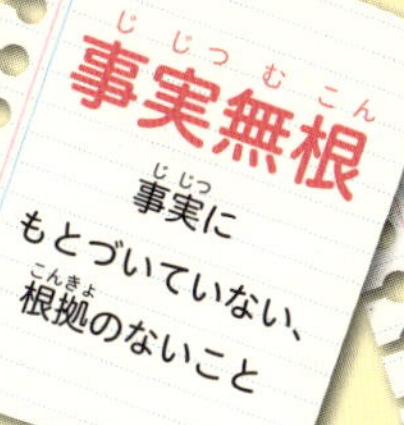

事実無根（じじつむこん）
事実にもとづいていない、根拠のないこと

質疑応答（しつぎおうとう）
質問とその答え

問答無用（もんどうむよう）
あれこれと受け答えをする必要がないこと

満場一致（まんじょういっち）
その場にいるすべての人の意見が、おなじ方向にまとまること

用意周到（よういしゅうとう）
準備が十分にととのっていて、手ぬかりのないこと

たくさんある！
「不○不○」というかたちのもの

不即不離（ふそくふり）
あるていどの距離をおいたまま、くっつきもはなれもしない関係にあること

不眠不休（ふみんふきゅう）
まったく眠ったり休んだりしないで、努力をすること

不老不死（ふろうふし）
老いることがなく、死ぬこともないこと

不平不満（ふへいふまん）
気に入らないことがあって、心がおだやかではないこと

不撓不屈（ふとうふくつ）
決してくじけないこと

［監修者紹介］

深谷圭助（ふかや・けいすけ）

中部大学現代教育学部教授
国語辞典や漢字辞典を活用した「辞書引き学習法」を提唱、子どもたちが自分で調べ、自分で学ぶための勉強をサポートしている。小学生の学び、国語学習等に関する編著書も多数。講演、メディアを通じても多彩な活動を展開。特定非営利活動法人こども・ことば研究所理事長。

［イラストレーター紹介］

いとうみつる（いとう・みつる）

広告デザイナーを経てイラストレーターに転身。ほのぼのとした雰囲気で描く、“ゆるくコミカル”な感覚のキャラクター作成を得意とする。

- **本文テキスト　香野健一**
- **デザイン　したらぼ**
- **企画・編集　株式会社日本図書センター**

見てわかる・おぼえる・使える！
四字熟語キャラクター図鑑

2018年 6月25日　初版第1刷発行

監修者	深谷圭助
イラスト	いとうみつる
発行者	高野総太
発行所	株式会社 日本図書センター 〒112-0012　東京都文京区大塚3-8-2 電話　営業部 03-3947-9387 　　　出版部 03-3945-6448 http://www.nihontosho.co.jp
印刷・製本	図書印刷 株式会社

ISBN978-4-284-20427-9　C8081